냉전 시대를 산
지식인의
사상과 행동

마루야마 마사오와

자유주의

냉전 시대를 산
지식인의
사상과 행동

자유주의

마루야마 마사오

김석근 · 가루베 다다시 엮음

아 산 서 원
ASAN ACADEMY

차례

서문 ···07

제1부 전통사상, 자유주의 그리고 민주주의

제1장 마루야마 마사오와 일본의 전통사상:
1930년대와 그 이후 가루베 다다시 ···14

제2장 마루야마 마사오에서의 '개인'과 '시민':
'주체' 문제와 관련해서 김석근 ···27

제3장 마루야마 마사오와 민주주의의 딜레마 시미즈 야스히사 ···49

제2부 레지티머시(legitimacy), 영구혁명 그리고 국제정치

제4장 왜 레지티머시(legitimacy)가 중요한가?:
1980년대의 마루야마 마사오 코노 유리 ···68

제5장 '사상 없는 사상'과 마루야마 마사오의 [사상]
—마루야마 마사오에 대한 비판의 비판적 재검토— 노병호 ···82

제6장 마루야마 마사오와 후쿠자와 유키치
—국제 정치관을 중심으로— 박홍규 ···133

• 다시 읽는 마루야마 마사오 이홍구 ···168
• 〈마루야마 마사오와 자유주의: 냉전 시대를 산 지식인의 사상과 행동〉
  학술대회 참관기 유불란 ···172

필자 약력 ···182

서문

이 책은 아산정책연구원이 기획했던 〈아산 '냉전 자유주의(Cold War Liberalism)' 프로젝트〉의 일환으로 개최된 '마루야마 마사오(丸山眞男)' 학술회의에서 발표된 글들을 수정·보완한 것이다. 냉전 자유주의 프로젝트는 지난 날 미국과 소련이 첨예하게 맞섰던 '냉전' 시대의 자유주의 사상가들을 집중적으로 재조명하는 학술 시리즈를 가리킨다. 그 시리즈는 해당 사상가의 생애와 사상을 다룬 평전을 번역 출간하고, 그 저자를 초청해 강연회를 열고, 또 그 분야 전문가들이 모여서 국제학술회의를 개최하는 방식으로 이루어져 왔다.

그 시리즈에는 마루야마 마사오(1914~1996) 외에도 이사야 벌린(Isaiah Berlin, 1909~1997), 마이클 오크숏(Michael Oakeshott, 1901~1990), 프리드리히 폰 하이에크(Friedrich August von Hayek, 1899~1992), 칼 포퍼(Karl Popper, 1902~1994), 레이몽 아롱(Raymon Aron, 1905~1983) 같은 굵직굵직한 사상가들이 포함되어 있다. 이들은 냉전 시대 전체주의에 맞서 싸운 자유주의 사상가들이기도 하다. 사회주의로 대표되는 좌파 전체주의는 물론이고 파시즘과 매카시즘 같은 우파 전체주의에도 맞서면서 개인의 자유와 권리를 적극적으로 옹호하고, 자유민주주의의 가치를 지켜내고자 노력했다는 점에서 공통점을 찾아볼 수 있다.

세계적인 차원에서 냉전은 이미 끝났지만, 아직도 냉전 질서가 유지되고 있는 한반도에서는 서구에서 냉전이 어떻게 종식되었으며, 또 서양의 지식인들은 그 문제를 어떻게 천착했는지 되돌아보고 음미해 볼 필요가 있다고 하겠다. 그러한 과정에서 이른바 냉전 자유주의 사상가들은 중요한 역할을 하기도 했다. 자유민주주의와 전체주의가 이데올로기 및 군사적인 측면에서 오랫동안 맞서오고 있는 한반도의 현 상황과 관련해서도 많은 시사와 도움을 줄 수 있을 것으로 여겨진다.

마루야마 마사오, 그는 제2차 세계대전 이후 일본의 대표적인 정치학자이자 사상가로서 흔히 '학계의 텐노(天皇)'로 불렸다. 그는 일본의 군국주의와 파시즘을 신랄하게 비판했을 뿐만 아니라, 일본 사회의 자유와 민주화를 위해서 목소리를 높였던 양심적인 지식인이기도 했다. 사회적으로 과감하게 발언하고 행동하는 '사회적 지식인'으로서의 면모, 특히 냉전 시대를 치열하게 살았던 '자유주의자'로서의 사상과 행동은 충분히 조명할 만한 것이라 할 수 있겠다.

자유주의자로서의 마루야마 마사오에 주목한 학술회의는 지난 2013년 7월 4~5일〈마루야마 마사오와 자유주의: 냉전 시대를 산 지식인의 사상과 행동〉이라는 주제하에 아산정책연구원에서 개최되었다. 학술회의에 맞추어 그의 주체적인 작위관, 파시즘에 대한 비판과 시민사회에 대한 인식을 깊이 다루고 있는 小林正彌編,《丸山眞男論: 主體的作爲・ファシズム・市民社會》(東京大學出版會, 2003)도 우리말로 번역, 출간되었다[고바야시 마사야 엮음・김석근 옮김,《마루야마 마사오: 주체적 작위・파시즘・시민사회》(아산정책연구원, 2013)].

처음에는 마루야마 마사오의 생애와 사상을 다룬 좋은 평전 혹은 그의 저작을 골라 번역하고자 했다. 하지만 주요 저작들은 이미 우리말로 번역, 소개되어 있다. 그래서 아직 번역되지 않은 저작 중에서 그의 사상을 포괄적으로 다룬 책을 선택했다. 그 책은 여덟 명의 학자들이 마루야마 마사오에 대해서 쓴 글을 모은 것으로, 공공철학 내지 코뮤니테리아니즘(Communitarianism, 공동체주의) 관점에서 마루야마 마사오를 바라보고 재해석하려는 입장이 두드러진다. 뿐만 아니라 전체상을 이해하기에는 쉽지 않은 기존의 논의와 논쟁을 잘 정리하고 있어, 전체적으로 마루야마 마사오를 이해하는 데 도움이 될 것으로 생각했기 때문이다. 편집자 고바야시 마사야(小林正彌, 치바대학) 교수는 '마루야마 마사오에 대한 논의와 일본 정치의 동향: 출간 10주년을 맞으면서'라는 제목의 생동감 있는 한국어판 서문을 써주었다.

오래전에 도쿄대학 법학부의 같은 교실에서 수업을 들었던 동학(同學)으로 학술회의를 기획한 김석근(아산정책연구원)과 가루베 다다시(苅部直, 도쿄대학)는 마루야마 마사오의 사상과 행동을 단일 주제로 다루는 최초의 한국·일본 국제학술회의를 기획하면서 몇 가지 원칙을 정했다.

먼저 한국과 일본에는 마루야마 마사오의 직접 가르침을 받은 제자들이 학계 원로로 살아 있는 만큼, 가능한 한 그분들을 모시고자 했다. 일본에서는 와타나베 히로시(渡邊浩, 도쿄대학 명예교수), 이이다 다이조(飯田泰三, 호세이대학 명예교수) 선생님, 한국에서는 박충석(이화여대 명예교수), 김영작(국민대 명예교수), 최상용(고려대 명예교수) 선생님이 기꺼이 참석해주셨다. 이분들 외에 마루야마 마사오의 손제자(제자의 제자)에 해당하는 마쯔다 코이치로오(松田宏一郎, 릿쿄대학) 교수, 그리고 일찍부터 마루야마 마사오 정치사상사에 주목해온 김홍우(서울대 명예교수) 선생님이 토론자로 참석해주셨다.

　주제 발표는 현재 학계에서 활약하고 있는 소장 학자들에게 맡기기로 했다. 일본 측에서 가루베 다다시(苅部直, 도쿄대학), 코노 유리(河野有理, 수도대학도쿄), 시미즈 야스히사(淸水靖久, 규슈대학) 교수, 그리고 한국 측에서 김석근(아산정책연구원), 박홍규(고려대학교), 노병호(한국외국어대학) 교수가 주제 발표를 하기로 했다. 또한 한국과 일본 학자들의 활발한 지적 교류를 위해서 한국의 소장 학자의 발표에 대해서는 일본의 원로학자가, 그리고 일본 소장 학자의 발표에 대해서는 한국의 원로학자가 토론하는 방식을 취하기로 했다.

　한국과 일본의 학자들, 그리고 젊은 학자와 원로 학자들이 서로 한 데 어울리는 형식의 발표와 토론을 통해서, 참석자들은 냉전 시대를 살았던 한 지식인의 고뇌와 문제의식을 추체험(追體驗) 할 수 있었다. 또한 섬나라 일본을 넘어서 보편적인 감각과 주체적인 개인을 밀고 나갔던 지식인, 사상가로서의 마루야마 마사오의 진면목을 다시 한 번 실감할 수 있었다. 한국과 일본의 정치사상 연구자들이 한 데 모여서 서로 의견을 주고받는 활발한 지적 교류의 장(場)이 될 수 있었다.

　발표와 토론을 통해서 마루야마 마사오가 바라본 일본의 전통과 재구성, 자유주의와 민주주의에 대한 입장과 변화, 그리고 민주주의에 잠재되어 있는 딜레마 등이 쟁점으로 떠올랐다. 또한 1960년대 말 과격한 대학생[전공투(全共鬪, 全学共鬪会議)]들의 지나친 행동에 맞서는 모습, 1980년대 이후 주목하게 된 '레지티머시(Legitimacy)' 개념, 그리고 후쿠자와 유키치(福澤諭吉)에 대한 지나친 호감과 해석 등이 새롭게 부각되기도 했다.

이틀간에 걸친 학술회의를 마치면서, 참석자들은 이구동성으로 2014년은 마루야마 마사오 탄생 100주년에 해당하는 해이니 본격적인 회의를 다시 한 번 하는 것이 좋겠다는 바람을 피력하기도 했다. 다시 만날 것을 기약하면서 발표자들은 자신의 글을 수정, 보완해서 아산정책연구원 인문연구센터로 보내주기로 했으며, 인문연구센터에서는 그 원고들을 모아서 한 권의 책으로 묶어내기로 했다.

이런 연유와 더불어 선보이게 된 이 책에는 많은 분들의 도움과 노력이 깃들어 있다. 아산정책연구원의 함재봉 원장님은 냉전 자유주의 프로젝트 기획과 개최는 물론이고 출판에 이르기까지 모든 편의를 제공해주셨다. 발표자들은 수정과 보완을 거친 원고를 보내주었으며, 토론자들은 토론을 통해서 좋은 글이 되도록 도와주었다. 학술회의 때 기조연설(Keynote Speech)을 해주신 이홍구(전 국무총리, 서울국제포럼) 선생님은 《중앙일보》에 실렸던 칼럼 〈다시 읽는 마루야마 마사오〉의 게재를 허락해주셨고, 유불란(경희대학교) 교수는 충실한 학술회의 참관기를 써주었다. 이 자리를 빌어 모든 분들께 감사드리고자 한다.

끝으로 이 책이 냉전 시대를 치열하게 살았던 마루야마 마사오의 사상과 행동을 이해하는 데 다소라도 도움이 될 수 있었으면 좋겠다. 나아가서는 냉전 시대의 유산이 아직도 채 가시지 않은 한국 사회를 비추어 볼 수 있는 작은 거울이 될 수 있기를 바라마지 않는다.

2014년 7월
김석근, 가루베 다다시

제1부

전통사상,
자유주의
그리고
민주주의

제1장

마루야마 마사오와 일본의 전통사상: 1930년대와 그 이후

가루베 다다시(도쿄대학교)

1
마루야마 마사오의 '전통'관

'마루야마 마사오와 일본의 전통'. 이 주제는 얼핏 기묘하게 생각될지 모른다. 1952년 그의 저서에 수록된 초기(1940~1942년)의 논문을 통해 유학(주자학)적 질서상으로부터 '작위(作爲)'의 원리에 기반을 둔 '근대적'인 질서상으로의 전환을, 마루야마가 도쿠가와 시대의 사상사 속에서 읽어냈던 점. 그리고 제2차 세계대전 중인 1942년에 간행된 논문에서 '문명의 정신', '독립자존의 시민적 정신'의 확립을 지향한 후쿠자와의 '반(反)유교주의'에 대하여 공감을 담아 논했던 점. 또한 종전 직후의 논문(마루야마 마사오, 1948)에서 근대 일본의 국가와 사회를 지배한 전근대 이래 '권위에의 의존성'이라는 멘탈리티를 철저하게 비판한 점. 이런 점들은 이미 많은 사람에게 알려져 있다. 그리고 이러한 면에 주목하면, 일본의 사상전통을 부정하고 보편적인 '근대'의 이상을 한결같이 추구한 사상가로서 마루야마 마사오의 이미지가 그려진다.

마루야마에 대한 이러한 이미지는, 물론 한편으로는 정치학자·사상사가로서의 마루야마 자신의 문제의식에 들어맞는 것이기는 하지만 그러한 이미지가 어디까지나 일면적인 착안에 지나지 않는다는 점에 대해 마루야마는 1961년 단행본의 〈후기〉에서 이렇게 말한 바 있다. "나의 분석은 비판하는 쪽에서도 지지하는 관점에서도, 대체로 일본의 정신구조라든가 일본인의 행동양식의 결함이나 병리에 대한 진단으로 받아들여져 왔다. 내 의견을 말하자면, 이것은 어느 면에서는 맞지만 어느 면에서는 맞지 않다."

그의 단행본(1961)에 수록된 논문 가운데서는, 표제논문(1957년)이 그가 말하는 '맞다'는 측면을 보여주는 작업에 해당한다. 이 논문에서 마루야마는 일본사상사의 다양한 특징들을 다루면서 이들을 비판적으로 논하였다. 즉, 많은 외래사상이 '좌표축' 없이 잡거(雜居)하는 경향이라든가, 정치에서 결단주체를 명확히 하지 않는 '무책임'의 구조, 혹은 지식인들의 '실감 신앙'의 면을 논한 것이다. 마루야마는 글의 〈후기〉(마루야마 마사오, 1961)에서 이 논문과 같은 계열에 속하는 자신의 논고들에 대해, 1930년대~1940년대에 일본에 드러난 '병리 현상'의 '구조적 요인을 사상사적 관점에서 규명하는' 시도였다고 총괄하고 있다.

한편, 마루야마는 이 〈후기〉(앞의 책)를 통해, 논문(마루야마 마사오, 1957)이 전근대·근대를 관통하는 일본의 '사상사적 문제의 구조연관을 가능한 한 밝히고자 하는' 작업이었다고 총괄한 뒤, 다음과 같이 말했다. "나로서는 이렇게 해서 현재로부터 일본의 사상적 과거에 대한 구조화를 시도함으로써, 비로소 종래로부터 '홀가분'해져, 말하자면 지금껏 등 뒤에 질질 끌려왔던 '전통'을 앞으로 잡아 끌어내, 그 속에서 장래를 향한 가능성을 '자유'롭게 찾아가는 지점에 서게 된 것으로 생각한다." 말하자면, 일본의 '좋은' 사상적 전통을 과거 역사 속에서 끄집어내는 작업'에 착수할 수 있게 된 것이며, 그 후에 발표한 사상사 논문들(마루야마 마사오, 1959; 1960)이 이에 해당한다고 말하고 있다.

그럼 여기서 말하는 '좋은' 사상적 전통을 찾아가는 작업은, 메이지 말기의 '국민 도덕론'이나 쇼와 초기 · 전쟁기의 '일본정신론'이 일본인의 '전통'을 찬미했던 것과 어떻게 다른가.

위의 인용에 이어서, 마루야마는 〈후기〉(마루야마 마사오, 1961)에서 이렇게 말한다. "가능성에서 파악한다는 것은, 예를 들면, 완결된 사상으로서 혹은 사상의 실천적 결과에서는 '반동'적인 것 속에서도 '혁명'적인 계기를, 복종의 설교 속에서도 반역의 계기를, 체념 속에서도 능동적인 계기를, 혹은 그 각각의 반대를 발견해가는 사상사적 방법"이라는 것이다. 또 다른 강연(1968)에서는 또한 "동시대에 '지배적인 사고방식'이 되지 못한, 그리고 그 이후 시대에 재평가되어 '전통'으로 다시금 찬미받지도 못한 '소수에 그친 사고방식' 속에서, 현재의 '우리들의 창조력의 원천이 되는 것'을 발견하는 것. 이러한 작업을 통해 메이지 이후의 일본에서 이야기된 '전통'의 이미지와는 다른 또 하나의 '전통'을, '자유롭게 실을 자아내가는' 형태로 찾아내고자 한다."라고 말하기도 한다.

마루야마의 자기이해에 따르면, 이처럼 '가능성'에서 전통을 파악하고, 전근대 일본사상으로부터 '창조력의 원천'이 되는 사상의 요소를 끄집어내는 작업은 1950년대 후반부터 착수된 것이었다. 앞서 언급한 논문(1959; 1960)들은 그러한 경향을 잘 보여주며, 그의 강의록(마루야마 마사오, 1998~2000년: 제4~7권)에 수록된 1964년도 이후의 도쿄대학의 '일본정치사상사' 강의에서도 이와 같은 특징을 읽어낼 수 있다.

그러나 다시 생각해보면, 애초에 그의 저서(마루야마 마사오, 1952)에 수록된 마루야마의 첫 논문(마루야마 마사오, 1940)은, 그때까지 도쿠가와 사상사의 '지배적' 조류로 생각되지 않았던 오규 소라이(荻生徂徠)의 사상에서 '근대적 의식의 성장'을 찾아내고, 동시에 일본의 '천황제' 이데올로기의 원류로 간주해 온 국학 사상 속에서도 '근대적인 것'이 싹트고 있었음을 지적한 것이었다. 전시 중에 이루어진 후쿠자와 유기치(福澤諭吉) 연구 역시, 후쿠자와의 사상이 국수주의자로부터 '자유주의'라 비판받고, 후쿠자와를 변호하는 논자 또한 그의 내셔널리스트로서의 측면을 강조했던 시대에, 오히려 후쿠자와의 '문명'과 '독립자존'의 정신을 정면에서 분석한 작업이었다. 즉 '소수'파였던 사상에서 적극적인 의미를 발견하는 것, 그리고 '지배적'인 전통의 원류로 간주되는 사상 속에서 오히려 그 '전통'을 비판하는 요소를 발견하는 것, 마루야마는 연구자로서의 출발점에서부터 그러한 전통의 재해석 방법을 구사하고 있었다.

2
《신황정통기(神皇正統記)》를 둘러싼 해석의 투쟁

마루야마 마사오가 시도한 '가능성에서의' 전통의 발굴이라는 초기의 작업 형태를 찾아볼 때, 1942년 6월, 당시 28세의 마루야마가 발표한

짧은 논문(마루야마 마사오, 1942)은 중요한 의미가 있다. 이 논문은 외교관 출신인 이토 노부후미(伊藤述史)가 스폰서를 맡고 그리스 철학 연구자 야마모토 미츠오(山本光雄)가 편집을 담당한 잡지《일본학 연구》로부터 의뢰를 받아 '신황정통기 연구특집호'에 기고한 것이었다.

1930년대~1940년대의 일본의 정치상황·사상상황에서, 14세기에 쓰인 역사서《신황정통기》는 '일본정신론'이 맹렬히 주창되었던 풍조 속에서 강한 존재감을 뿜어내고 있었다. 《신황정통기》는 남북조 시대 전란의 와중에, 남조 측 고다이고(後醍醐)·고무라카미(後村上)의 두 천황을 섬긴 조정의 신하(公家) 기타바타케 지카후사(北畠親房)가 히타치(常陸) 지방의 오다(小田)성을 근거지로 북조의 군세와 싸우면서 동국의 무사들에게 요시노(吉野)의 조정으로 결집할 것을 요청하고자 분투의 틈새에서 써내려간 일본통사(通史)이다. 초고는 엔겐(延元) 4년(1339)에 작성되었고, 4년 뒤 수정이 가해진 고본이 사본으로 주로 유포되었다. 도쿠가와 말기, 게이오(慶応) 2년(1866) 9월에 교토의 국학자 가와키타 마히코(川喜多真彦)가 서문과 두주(頭註)를 달아《표주교정(標註校正) 신황정통기》를 간행한 이래, 근대에는 많은 수의 간본과 주석서가 출판되었다.

쇼와 초기에는 1934년의 겐무(建武) 중흥 600년과 1940년의 황기 2600년이 큰 계기가 되어 이 문헌은 '일본정신'의 고전으로 높이 찬미받게 되었다. 예를 들면, '일본정신'의 체인(體認)과 실천을 설파하며 왕성히 활약하였던 중세사학자 히라이즈미 기요시(平泉澄)가 이를 소리높여 설파한 대표자이다. 히라이즈미는 당시 도쿄제국대학 문학부 국사학과 교수로서 학계와 육·해군에 큰 영향력이 있었다. 마루야마 마사오는 조수 시절 히라이즈미가 개강한 '일본사상사' 강의를 들으러 다녔는데, 1938년도 청강노트의 단편이 도쿄여자대학의 마루야마 마사오 문고에 소장되어 있다.

히라이즈미에 의하면 《신황정통기》는 고다이고 · 고무라카미 천황의 '충신'이었던 지카후사가, 만 20세에 즉위한 어린 고무라카미 천황에게 읽히기 위해 '일본의 역사를 서술하고, 신황 정통의 리(理)를 밝혀낸' 서적이다. 이는 아마테라스 오오카미(天照大神)가 자신의 자손을 향해 대대로 이 나라를 통치하도록 명한 '신칙'에 근거해서, 거울 · 검 · 구슬의 삼종의 신기(神器)를 바르게 전해가는 천황이야말로 '정통'이라는 점을 논한다. 그리고 천황이 몸에 지녀야 할 '군덕'에 대해 역사적 사례를 따라 설명하였으며, 주군의 명령을 거역하지 않고 몸을 던져 복종해야 할 '신자(臣子)되는 자의 길'을 설파하였다. 따라서 쇼와 시대에 '황국보호의 대임(大任)'을 맡은 제국 일본의 '신민' 또한, 지카후사의 서적을 읽음으로써 천황에 대한 절대 충성의 정신을 몸에 지닐 수 있게 된다. 히라이즈미는 이같이 설파하며 그 주장을 대학 내외에서 활발하게 펼쳤다.

더욱이 일본이 영국, 미국과 전쟁을 시작한 이후에는 정부, 군부, 국민이 하나가 되어 '일본 정신'이나 '야마토(大和) 정신'의 교화를 부르짖는 움직임이 한층 더 강해졌고, 정부 비판이나 과거 일본 역사에 대한 비판의 목소리는 봉쇄되어갔다. 이처럼 사상통제가 강화되어가는 상황에서 《신황정통기》는 실로 국가의 동원 프로파간다에 적합한 고전으로서 그 의의를 칭송받았다. 이러한 상황 속에서 이 책에 대한 논문을 쓴다는 것은, 이미 군부 지배 정치 체제에 대해 비판을 품게 된 마루야마로서는 긴장을 수반하는 행위였다. 훗날 그는 이를 회상하며 이렇게 말한다. "실제로 붓을 들자 대상이 대상인만큼, 게다가 정치사상이라는 한정이 있는 만큼, 글자 하나 구절 하나에 신중하게 신경을 써야 했고, 그러한 점에서도 내 뇌리에 선명한 기억으로 남아있다."(마루야마 마사오, 1976).

하지만 마루야마의 《신황정통기》론은 주문을 받아 하는 수 없이 쓴 그런 글은 아니다. 이 서적에 담겨있는 지카후사의 정치사상에서 현대를 살아가는 자 또한 계승해야 할 요소를 독자적으로 끄집어내어 이를 중심으로 작품 전체의 사상을 재구성하는 것이 이 작업의 목적이었음이 논문 말미의 다음과 같은 기술에 뚜렷이 나타나있다.

> 겐무중흥의 정치가로서의 그는 결국 겐무중흥과 운명을 함께하지 않을 수 없었다. 그러나 정치적 실천의 성패를 불문하고, 항상 '내면성'을 따르는 행동의 가치를 설파하며 그 자신도 이를 관철하는 삶을 살아간 사상가로서의 기타바타케 지카후사는 수백 년의 세월을 사이에 둔 우리들에게 절절하게 호소하고 있다.

마루야마는 이 논고에서, 지카후사가 삼종의 신기가 각각 체현하는 덕, 특히 거울에 담긴 '정직(正直, しょうじき)'을 통치자가 몸에 지녀야 할 정신태도로서, 또한 통치의 좋음과 나쁨을 판정하는 규범으로서 중시한 점에 주목한다. "마음에 일물(一物)을 담지 않는다."라고 지카후사가 설명하듯, '정직'이란 결과적으로 자기에게 이익이 될지 아닐지에 대한 고려를 버리고, '순수한 내면성'에 투철하게 임하여 '모든 정치적 영위를 주체적으로 제약하는 최고이념'이라고 마루야마는 보고있다.

이념으로서의 '정직'의 추구를 강조하는《신황정통기》해석은, 아마도 무라오카 츠네츠구(村岡典嗣)의 기타바타케 지카후사론에서 배운 것이라 생각된다. 무라오카는 그 무렵 도호쿠(東北)제국대학 법문학부에서 일본사상사 연구실을 주재하고 있던 교수이며, 마루야마가 도쿄제국대학 법학부에서 '동양정치사상사' 강의를 담당하기 전, 3년(1940~1942)에 걸쳐서 비상근강사로 그 강의를 담당하였다. 그 3년간의 강의는 일본 '국체 사상'의 역사를 다룬 것으로,《신황정통기》는 매년 거론되었으리라 생각되는데, 당시 마루야마가 작성한 1940년과 1942년도의 청강 노트가 마루야마 문고에 남아있다.

무라오카의 1940년도 강의 '국체 사상의 연원과 그 발선'은 그의 사후에 출판되었다. 여기서 무라오카는 지카후사가 거울에 담긴 '정직', 구슬의 '자비', 검의 '지혜'라는 세 가지 덕을 들고 있는 점에 대해, 플라톤 철학, '중세 기독교', 그리고 유학·불교 등의 '동서의 윤리사상사의 주된 원덕(元德)설'과 대비하여 그 독자성을 지적한다. 무라오카에 의하면 삼덕 가운데서도 '정직'을 '도덕의 근원'으로서 특별한 위치에 둔 것은 아마테라스 오오카미에 대한 '순수'한 신앙과 결부되어 '고신도(古神道)'에서 유래한 '도덕적·종교적 내용'을 보여주는 것이다. '정직'의 '이념'으로서 숭고성을 강조하는 마루야마의 이해는 그로부터 강한 영향을 받은 것이리라. 또한 마루야마는 지카후사의 '정직'에 대해, 이를 천황과 그 신하되는 공가(公家)·무가(武家)의 치자(治者)뿐 아니라, '피치자'에게도 요구되는 '윤리적 제약'으로 해석하였는데, 이 역시 무라오카의 해석과 공통적이다.

그러나 무라오카와 달리 마루야마는 '정직'의 '순수한 내면성에 투철한' 태도가 '고신도'로부터 유래해 온 '사상적 계보'를 더듬는 것은 "당면한 문제가 아니다."라고 말한다. 이 '정직'은 자신의 내면에 틀어박히는 '허무적인 주관주의'에 빠지는 것이 아니라, '바깥을 부정함으로써 오히려 바깥에 작용해간다'. '정직'은 사람들을 편안히 생업에 종사할 수 있게 만드는 '국민 생활의 안정'을 향한 '정치적 영위'로 이어져가는 것이다.

따라서 《신황정통기》가 당시의 아시카가(足利) 가문에 의한 무가정권을 부정하는 입장에도 불구하고, 과거의 가마쿠라 막부의 집권이나 호죠 요시토키(北条義時)의 선정(善政)에 대해서는 높이 평가하며 이에 대한 도막(倒幕) 운동을 일으킨 고토바(後鳥羽) 상황을 엄격하게 비판하는 부분을, '유교의 유덕(有德)군주사상'을 수용하여 '정치적 지도의 이념'을 내세운 시도로서 마루야마는 주목한다. '태평양 전쟁'이 국민 생활의 거대한 희생 위에 수행되어가는 눈앞의 현실을 비판하고, 지카후사의 말을 빌어 '민중을 위한 정치'를 주창하는 마루야마의 의도를 여기서 엿볼 수 있을 것이다.

3
'정치적 리얼리즘'의 '전통'

마루야마 마사오의 전후의 회상을 담은 논문(마루야마 마사오, 1978) 속에 전시 중의 《신황정통기》론에 대한 이야기가 등장하는데, 1978년의 시점에서 내린 그에 대한 평가는 실은 그다지 높지 않다. 1942년의 논문에는 막스 베버의 저서(1918)에서 다룬 '심정윤리(Gesinnungsethik)'와 '책임윤리(Verantwortungsethik)'의 이분법에 대한 부분이 있는데, 전시 중에 쓴 이 논문에서는 지카후사 사상 속의 '심정윤리'를 지나치게 강조한 나머지, 결과적으로 눈앞의 정치상황에 대한 비판을 사상사 서술에 담게 되어, 1978년의 마루야마는 "역사가로서 본래 남용을 엄격하게 삼가야 할 행위를 행했습니다."라고 반성한다.

그러나 이러한 회상에는 오히려 군부 지배와 '일본정신'론의 발호(跋扈)가 이미 과거의 일이 되고, 《신황정통기》 또한 주요한 고전으로서 읽히지 않게 된 시대 이후의 선입견이 섞여있다고 보는 것이 좋을 것이다. 마루야마가 《신황정통기》론에서 베버를 다룬 것은, 지카후사가 동시대의 '민중의 고뇌'를 파악한 점에서 유학사상에는 없는 현실의식이 있었다고 보며, 거기에서 심정윤리와 책임윤리가 "필연직으로 서로 보완하는 것으로 관념되었다."라고 말한 문맥에서이다. 문장 그 자체의 의미에서는 지카후사의 사상에서 심정윤리와 책임윤리와의 통합을 발견하고 있다고 해석하는 편이 좋을 것이다. 삼종의 신기 가운데 거울이 '상징'하는 '정직'의 덕, 즉 '순수한 내면성에 투철한' 태도를 지니고 '덕정'에 임하면서, 그 통치의 결과가 정말로 '안민'을 가능케 하는가를 판단하여 스스로 책임을 지는 태도를 마루야마는 《신황정통기》의 기술에서 읽어낸 것이다.

여기서 마루야마가 논하는 것은 정치가가 지녀야 할 사고법으로, 마루야마의 논문(1950)의 부기(付記)에 등장하는 표현을 빌리자면, '권력의 도덕'에 관한 것이라 바꿔 부를 수 있을 것이다. 이렇게 보면 마루야마가 전후에 도쿠가와 말기의 유학자 사쿠마 쇼잔(佐久間象山)의 사상 속에서 '정치적 리얼리즘'을 읽어낸 점이 흥미롭다. 이는 그의 1965년 논문에 나타나 있다.

예를 들어 쇼잔은 덴포(天保) 13년(1842), 마츠요(松代) 번주에게 보낸 상서 속에서, 영국은 '도덕인의(道德仁義)'를 갖추지 않은 '이적'이지만, 그 행동의 원칙은 어디까지나 '이익'이 기준이 됨을 지적하였다. 따라서 그들은 이익이 되지 않는다고 판단하면 일본 공격을 선택하지 않을 것이니, 일본 측이 지나치게 침략을 경계하는 것은 오히려 정서에 이끌려 위험한 외교방침으로 나라를 이끌어가게 될 것이다. 또한 반대로 일본을 공격하는 것이 영국에 이익이 되는 상황이 되면, 그들은 원한이나 증오 없이도 침략해 올 것이다.

마루야마는 여기에, 하나의 사상(事象) 속에 존재하는 '모순된 방향을 향한 발전 가능성'을 동시에 보는 '정치적 리얼리즘'이 풍부하게 숨 쉬고 있다고 보았다. '정치적 지도자'가 그러한 '인식안(認識眼)'을 가질 때 비로소 현실을 냉철하게 파악하면서도 이상(理想)을 향해 조금씩 가까이 다가가는 성숙한 '정치적 선택'이 가능해진다. 또한 같은 논문에서 마루야마가 과거의 사상을 이해하는 방법에 대해 논한 부분 역시 중요하다.

> 백 년도 더 지난 시대를 살았던 사상가를 오늘날의 시점에서 배우기 위해서는 우선 현재 우리가 도달해 있는 지식, 혹은 현재 사용하는 말, 나아가 그것이 전제하는 가치기준, 그러한 것들을 일단 괄호 속에 넣고, 가능한 한 그 당시의 상황에, 즉 그 당시 말의 사용법, 그 당시의 가치기준에 우리 자신을 놓아본다는 상상(想像)상의 조작이 필요합니다. ……
> 역사적 상상력을 구사하는 조작이라는 것은, 오늘날 이미 알고 있는 결말을 어떻게 될지 모른다는 미지의 혼돈으로

환원하여, 역사적으로는 이미 정해진 코스를 아직 다양한 가능성을 품고 있던 지점으로 되돌려놓아 그 속에 우리 자신을 놓아보는 그러한 작업입니다. 간단히 말하면, 이것이 과거의 추체험(追体驗)이라는 것이 되겠습니다.

여기서 말하는 '추체험'의 사고태도는 앞서 '정치적 리얼리즘'이라 이름 붙인 사고방법과 병행관계를 이룬다. 자기를 둘러싼 상황에 대해 한 가지 면에 주목하여 만들어진 추상에 대한 고집을 피하고, 그 속에서 여러 가지 '모순된 방향을 향한 발전의 가능성'을 보면서 신중하게 태도를 정하는 것이다. 즉, 과거의 인물을 '미지의 혼돈' 속에 놓아두고 이해하는 '추체험'의 태도는, 상상 속에서 그 인물이 '정치적인 판단'을 거듭해 간 곳에 자기 자신을 위치시켜 보는 것과 같다.

텍스트를 접하면서 그러한 '추체험'을 거듭하는 것은 현재의 독자가 '정치적 리얼리즘'을 발휘하기 위한 연습장이 될 것이다. 지카후사나 쇼잔의 사상에 보이는 '리얼리즘'의 사고는 동시에 사상사를 다루는 행위와 서로 보완하며, 이 둘의 관련 속에서 새로운 전통의 실을 잣는다. 마루야마에게 전통의 재발견은 이러한 형태로 현대에서 '정치적 리얼리즘'을 체인하는 영위와 밀접하게 관련되는 것이었다.

참고문헌

丸山眞男. 1940. 〈近世儒教の発展における徂徠学の特質並にその国学との関連〉. 《国家学会雑誌》 54(2). 東京: 国家学会.

丸山眞男. 1942. 〈福澤諭吉の儒教批判〉. 《東京帝国大学学術大観 法学部・経済学部》. 東京: 東京帝国大学.

丸山眞男. 1942. 〈神皇正統記に現はれたる政治観〉. 《日本学研究》 6月号. 東京: 冨山房.

丸山眞男. 1946. 〈超国家主義の論理と心理〉. 《世界》 5月号. 東京: 岩波書店.

丸山眞男. 1950. 〈権力と道徳〉. 《思想》 3月号. 東京: 岩波書店.

丸山眞男. 1952. 《日本政治思想史研究》. 東京: 東京大学出版会.

丸山眞男. 1961. 《日本の思想》. 東京: 岩波書店.

丸山眞男. 1965. 〈幕末における視座の変革――佐久間象山の場合〉. 《丸山県男集第》 9. 東京: 岩波書店.

丸山眞男. 1968. 〈丸山眞男教授をかこむ座談会の記録〉. 《丸山眞男集》 16. 東京: 岩波書店.

丸山眞男. 1976. 《戦中と戦後の間: 1936-1957》. 東京: みすず書房.

丸山眞男. 1978. 〈思想史の方法を模索して〉. 名古屋大学法政論集. 名古屋: 名古屋大学.

丸山眞男. 1998(1959). 〈開国〉. 《忠誠と反逆》. 東京: 筑摩書房.

丸山眞男. 1998~2000. 《丸山眞男講義録》 4~7. 東京: 東京大学出版会.

マックス・ヴェーバー. 1980 (1918). 《職業としての政治》 東京: 岩波文庫.

제2장

마루야마 마사오에서의 '개인'과 '시민': '주체' 문제와 관련해서

김석근(아산정책연구원)

1
머리말: 물음과 시각

1996년 8월 15일 마루야마 마사오가 타계한 후, 일본의 공영방송 NHK는 두 차례에 걸쳐 〈마루야마 마사오와 전후(戰後) 일본〉이라는 특집 방송을 하였다. 각 회의 타이틀은 1) '민주주의의 발견', 2) '영구혁명(永久革命)으로서의 민주주의'였다. 그 특집 방송이 상징하듯이, 일반적으로 전후 일본의 '민주주의(데모크라시, democracy)'라는 관점에서 마루야마를 바라보는 듯하다.

그런데 일찍이 영국의 한 신문(The Times)은 그를 가리켜 'radical liberal(급진적인 자유주의자)'이라 하였다. 거의 비슷한 맥락에서 '자유주의' 내지 '리버럴리즘(liberalism, 자유주의)'이라는 관점에서 바라보기도 한다(田中浩, 2000; 苅部直, 2006). 어느 시점부터인가 오히려 자유주의와 리버럴리스트(자유주의자)라는 측면에 더 많이 주목하는 듯한 느낌마저 든다.[1]

그렇다면 마루야마에게 자유주의와 민주주의는 과연 어떤 관계에 있는가. 자유주의와 민주주의라는 관점에서 마루야마를 어떻게 바라볼 수 있는가. 다른 말로 하자면 그가 발견한 민주주의와 영구혁명으로서의 민주주의의 내용과 성격은 구체적으로 어떤 것인가,[2] 그 민주주의는 자유주의와는 또 어떤 관련이 있는가.[3]

제2차 세계대전 이후 논단에 혜성처럼 등장해서 한 시대의 논객으로 활발한 사회활동을 펼쳤던 그의 삶은 빛나는 것이었다. 하지만 1960년대 말부터 1970년대 초를 거치면서 큰 변화를 겪었다.[4] 무엇보다 그 시대를 흔들었던 격렬한 '대학분쟁'에 휘말렸다. 그는 정년(1974)을 기다리지 않고 대학을 그만두었다(1971).

만년에는 현실참여와 발언, 저술 등을 '야점(夜店: 일종의 부업)', 일본사상사 연구를 자신의 본령, 즉 '본점(本店)'이라 하면서, 자신의 일본사상사 연구를 더 많이 읽어줬으면 좋겠다고 토로하기도 하였다(丸山眞男, 1995(9)). 이는 유명한 이야기다. 그러면 그들 두 영역, 즉 본점과 야점

---

1 '마루야마 마사오와 자유주의'에 주목하는 학술대회 [〈마루야마 마사오와 자유주의: 냉전 시대를 산 지식인의 사상과 행동〉 2013년 7월 4~5일. 아산정책연구원] 역시 그렇다고 하겠다.
2 오늘날 민주주의론이 포괄하는 범위는 아주 넓다. '자유민주주의(liberal democracy)'와 '비자유민주주의(illiberal democracy)', '사회민주주의(social democracy)'와 '인민민주주의(people's democracy)' 등, 오늘날 민주주의의 내역을 둘러싼 견해와 입장은 실로 다양하다.
3 마루야마 자신은 '데모크라시', '민주주의'와 '자유주의', '리버럴리즘'을 엄연히 구분하고 있다. '개인주의', '부르주아 민주주의', '자유민주주의'라는 용어도 썼다. 자신의 입장을 때로는 '사회민주주의'라 부르기도 하였다(丸山眞男, 1998(5): 135).
4 흔히 전기와 후기 식으로 나누기도 하고, 3기(전기-중기-후기)로 나누기도 한다. 몇 기로 나누는가 하는 것보다 그 기준을 어떻게 설정할 것인가 하는 것이 더 중요하다고 하겠다.

은 어떻게 연결되고 있었으며, 또 어떻게 분리되고 있는가. 그들 두 영역은 당연히 분리되어야 하는가.

섬세한 눈을 가졌던 정치학자로서, 그는 인간과 정치, 정치의 특성, 그리고 '비정치적인 것(과 반정치적인 것)'이 갖는 '정치적' 의미에 특별히 주목하였다. 이제 그 명제를 전환기와 만년의 마루야마 자신에게 적용해 보면 어떻게 될까. 마루야마의 그런 행동과 발언이 갖는 '정치적 의미'는 또 무엇일까.

이 글에서는 현실사회에 대해 발언하고 행동하며 책임을 지는 지식인으로서의 마루야마에 주목해보고자 한다. 그가 양심의 자유와 인격적인 '주체'의 확립, 자기반성(自己反省)과 타자이해(他者理解)를 중시한 것은 잘 알려져 있다. 그런 만큼 '(정치적) 주체'라는 측면에 주목하면서, 그가 생각했던 (혹은 미처 발언하지 못했던) '개인'과 '시민' 문제를 같이 한 번 생각해보려는 것이다. 이 같은 검토를 통해서 자유주의와 민주주의에 대해 마루야마가 했던 생각의 한 단면이나마 드러날 수 있기를 기대한다.

2
개인(Individual)과 주체성

'개인'의 주체성을 확립하는 것이 얼마나 중요한지에 대해서 마루야마는 제2차 세계대전 이후 일관되게 주장해왔다. 그때의 '개인'은 '양심의 자유'를 갖는 자유로운 인격일 뿐만 아니라 스스로 질서(혹은 체제)를 만들어낼 수 있는 '작위'의 주체이기도 하다. 근대 사회의 기원설화라

할 수 있는 '사회계약설'이 근저에 깔려 있다고 해도 좋겠다.

그러한 문제의식은 초기의 저작(丸山眞男 지음 · 김석근 옮김, 1998), 특히 두 번째 논문(丸山眞男, 1941)에 잘 나타나 있다. 주자학적 사유양식의 해체와 더불어 근대적 사유양식의 발생을 다루는 첫 번째 논문(丸山眞男, 1940), 그리고 근대 일본 내셔널리즘(nationalism)의 형성을 다루는 세 번째 논문(丸山眞男, 1944) 역시 어떤 형태로든 '주체' 문제와 연결되어 있다. 내셔널리즘은 국제 정치사회에서의 '주체' 문제로 파악될 수 있기 때문이다.[5]

그에 앞서, 도쿄대학 법학부의 《綠會》현상 논문(丸山眞男, 1936)에서 '개인'의 주체/작위적인 속성은 이미 분명하게 지적되고 있다. 서구 근세 시민사회를 설명하는 가운데 "그야말로 '사회'는 개인의 계약에 의해 성립되는 것이다." 그 사회는 '욕망의 체계(system der Bedürfnisse)'이며 '경제사회'이기도 하다. 때문에 거기서는 '사회적 규제'가 필요하며, 외적인 힘, 국가가 등장하게 된다.[6] 개인과 사회 그리고 국가의 관계 여하가 분명하게 의식되고 있다. 그 글은 다음과 같은 구절로 마무리되고 있다. "개인은 국가를 매개로 해서만 구체적인 정립(定立)을 얻을 수 있으며, 나아가서는 끊임없이 국가에 대해서 부정적인 독립을 보지(保持)

---

[5] 예컨대 우노 시게키(宇野重規)는 후쿠자와(福澤)와 토크빌 이해를 실마리로 삼아 마루야마의 세 개의 주체상, 즉 '국민 주체', '자기상대화 주체', '결사형성적 주체'를 논하고 있다(宇野重規, 2003 참조).

[6] "1648년과 1789년의 혁명에서 봉건사회를 배제하고 화려하게 등장한 근세 시민사회는 헤겔이 적절하게 갈파했듯이 '욕망의 체계'다. …… 따라서 시민사회는 무엇보다 경제사회다. …… 여기서는 …… 사람들은 오로지 개인적 욕망을 위해 생산한다. 그런데 그 생산은 사회적 생산으로서만, 그것이 사회적 욕망을 충족시키는 범위에서만 의의를 가진다. 그러므로 그들 생산물의 사회적 필요성은 교환을 통해서 확인할 수 있다. 시장에서 교환 계약에 의해 비로소 원자적으로 분열된 사적 생산자는 사회 전체를 총괄하게 된다. 그야말로 '사회'는 개인의 계약에 의해 성립되는 것이다. 따라서 사회에서 결합을 가능케 하는 사회적 규제는 결정적인 중요성이 있다. 그리고 본래 사적인 욕망을 위해서만 생산하는 개인에게 이러한 규제는 내적인 의미부여가 될 수 없으므로 외적인 힘이 뒷받침되어야 한다. 국가권력은 이러한 사명을 띠고 등장한다."(丸山眞男, 1997(1): 10~11)

하는 것과 같은 관계에 서지 않으면 안 된다."(丸山眞男, 1997(1): 31).

주체적인 '개인'에 대한 문제의식은 1945년 8월 15일 이후 본격적으로 표면화되기 시작하였다. 그런 측면에서 그의 1946년 논문(丸山眞男, 1997(3))은 기념비적인 글이라 하겠다. 지난날의 초국가주의에 대한 비판을 뒤집어 놓으면 곧바로 자유로운 '개인'에 대한 이야기가 된다. '무책임의 체계'가 아니라 책임의 체계, 억압을 남에게 이양하지 않는 주체의 확립, 자유로운 주체 의식과 양심의 자유를 가진 개인의 존재!

그 글을 처음 읽었을 때, 30대 초반의 나이에 어떻게 일본사회의 작동원리를 꿰뚫어볼 수 있었을까 하는 의문을 가졌다. 나중에 보니 역시 후쿠자와 유키치(福澤諭吉)의 영향이 자용하고 있었다. 특히 후쿠자와 유키치의 저서(福澤諭吉, 1875)의 제9장 〈일본 문명의 유래〉에서 많은 시사를 얻었던 듯하다. '권력 편중'에 대한 비판과 더불어 후쿠자와 유키치가 구사하였던 낯선 용어들, 예컨대 '독일 개인의 기상', '인디뷰디알리테트' 등. 마루야마는 그들을 그냥 스쳐 지나치지 않았다.[7]

자유로운 주체로서의 '개인'은 '국가'와도 유기적으로 연결되고 있다. 아니, 그래야 한다. 마루야마는 개인과 국가의 관계에 주목해 후쿠자와를 해석하고 설명하였다. '일신(一身)이 독립해야 일국(一國)이 독립한다'는 유명한 명제는 마루야마에게 이어지고 있다. "후쿠자와는 단순히 개인주의자도 아니었으며 단순히 국가주의자도 아니었다. 또한, 어떤 측면에서 개인주의자이지만 다른 측면에서 국가주의자라는 식도 아니었다. 그는 굳이 말하자면 **개인주의자라는 점에서 그야말로 국가주의자**

---

[7] 《文明論之槪略》(福澤諭吉: 1875)의 주석서라 할 수 있는 《'文明論の槪略'を読む》(丸山眞男: 1986)이 좋은 물증이 된다.

였다. 국가를 개인의 내면적 자유에 매개시키는 것, 후쿠자와 유키치라는 하나의 인간이 일본사상사에 출현한 것의 의미는 바로 여기에 있다고조차 말할 수 있다."(丸山眞男, 1997(2): 219~220) [강조는 인용자. 이하 같음].

그러면 '개인'은 역사적으로 어떻게 만들어지는가. '개인석출(個人析出)'의 문제라 해도 좋겠다. 다행히도 그는 이에 관한 글을 남기고 있다(丸山眞男, 1968; 1965년 영어로 집필, 1968년 일본어로 번역되었다). Individuation이라는 용어가 특이하다. 거기서 그는 근대화 과정에서 전통적 공동체로부터 개인의 해방을 보편적인 현상이라 한 다음, 그렇게 석출된 개인이 사회에 대해서 품는 의식을 네 가지 패턴으로 분류하고 있다.

분류를 위한 다이어그램에서 1) 수평축은 개인이 정치적 권위의 중심에 대해서 품는 거리(距離) 의식의 정도[원심적(遠心的, centrifugality)과 구심적(求心的, centripetal)], 2) 수직축은 개개인이 서로 간에 자발적으로 권하는 결사형성의 정도[결사형성적인(associative) 개인과 비결사형성적인(dissociative) 개인]. 이들 좌표축에 의해 네 개의 서로 다른 패턴이 만들어진다: (1) 자립화(自立化, individualization): 원심적 · 결사형성적, (2) 민주화(民主化, democratization): 결사형성적 · 구심적, (3) 사화(私化, privatization): 원심적 · 비결사형성적, (4) 원자화(原子化, atomization): 비결사형성적 · 구심적. 이들 패턴은 석출되는 개인이 사회에 대해서 품게 되는 의식을 규정한다(丸山眞男, 1997(9): 383).

여기서 중요한 계기는 '결사형성'이다(이는 뒤에서 보게 될 '시민' 및 '시민사회'와도 연결된다). 공공의 목적보다는 개인의 사적 욕구의 충족을 지향하며(심리적 안정), 사회적 실천으로부터의 은둔과 정치적 무관심을 보여주는 사화된 개인이나, 심리적으로 불안하며 고독, 불안, 공포, 좌절 등 아노미 상태에 빠져 있으며 타자(他者) 지향성을 보여주는 원자화된 개인은 결사형성과는 거리가 멀다. '독일 개인의 기상'이 부족하다. 하지만 근대화 과정에서는 그들 두 범주(사화와 원자화)가 두드러진다.[8]

역시 주목할 만한 것은 '자립화된 개인(individualization)'과 '민주화된 개인(democratization)'이다. 자립화된 개인은 자주독립적이며 자립심이 강한데, 영국의 부르주아지나 미국을 건국한 퓨리턴(Puritan) 등이 거기에 속한다. '민주화된 개인'은 결사형성적이며, 자발적인 집단과 조직을 형성하는 경향이 강하다.

이 글의 관심사와 관련해 중요한 것은, 그들 두 범주 사이의 ('결사형성'이라는 공통점보다는) 차이점이다. 자립화된 개인이 시민적 자유의 제도적 보장에 관심을 두는 데 대해서, 민주화된 개인은 특권을 폐절(廢絶)시키고 공공(公共)의 문제와 관련된 **민중(民衆)**을 가능한 한 많이 끌어들이기 위해서 정치참여의 기초를 확대하는 방향으로 나아가게 된다. 민주화된 개인은 (자립화된 개인 보다) 대중운동에 적극적이다. **자립화된 개인이 '자유'의 이상을 지고의 가치로 여긴다면, 민주화된 개인은 '평등'의 이상을 강조한다**(丸山眞男, 1997(9): 384~386).

자립화와 민주화 사이의 갈림길은 역시 '민중, 대중운동, 평등'에 대한 생각의 차이로 압축된다. '개인'이라는 공통분모가 있기는 하지만,

---

[8] 마루야마는 러일전쟁 이후와 관동대진재(關東大震災) 직후의 몇 년을 분석했는데, 개인석출이 주로 사화와 원자화라는 형태로 나타났다. 두 사건 이후에 나타난 비정치적인 청년과 지식인, 그리고 급격하게 늘어난 산업노동자들이 그들이다. 운동의 고양기에는 그들은 원자화된 형태로 급진적 대중운동을 형성하지만, 후퇴기에는 오히려 사화(私化)를 향하게 된다. 급진적 운동과 완전한 정치로부터의 도피라는 양극으로 분해되는 것은 그 때문이라 하겠다(丸山眞男, 1997(9): 393~417).

실천적으로 '민중'을 끌어들이고 '대중운동'을 전개할 것인가 하는 것이 그것이다. 개인의 자유를 중시하는 자립화와 평등의 이상을 강조하는 민주화, 그들은 각각 '자유주의'와 '민주주의'로 대치시켜도 무방할 것이다. 자유주의와 민주주의는 어떤 관계에 있는가. 마루야마는 이렇게 말한다.

> 그런 연유로 자유주의도 민주주의도 …… **정신사적인 측면에 대해서 말한다면, 공통의 기반에 서 있다**고 할 수 있습니다. 다만 자유주의는 개인의 자유를 방해하는 다양한 법적·사회적 구속을 제거한다는 점에 중점이 있으며, 민주주의는 그 같은 자유권의 기초에 서서, 국가적·사회적 공동생활의 방식을 가능한 한 많은 사람의 참여에 의거해 결정해간다는 점에 중점이 있습니다. 따라서 **전자는 소극적인 자유이며, 후자는 적극적인 자유**라 할 수도 있겠습니다. **민주주의는 자유주의의 주장을 정치적, 사회적으로 넓혀간 것**입니다. 역사적으로 말하더라도 봉건주의에 대해서 자유주의의 주장이 먼저 나타나고, 이어 그 안에서 민주주의가 성장해갔던 것입니다.(丸山眞男, 1997(16))

마루야마는 자유주의와 민주주의 사이에 있는 공통의 기반을 인정하고, 그들이 서로 이어지는 것으로 혹은 발전적인 과정으로 파악하고 있다. 자유주의의 확대로서의 민주주의라 해도 좋겠다. 하지만 현실에서는 이 같은 낙관적인 입장이 그대로 구현되지 않는다.

역사적으로 보자면 서구 근대사회가 체험한 가장 심각한 정치적 대립은 자유주의와 민주주의(혹은 자유의 파토스와 평등의 파토스)의 대립이었다. 권력의 정통성 근거를 다수의 동의에서 찾는 민주제 아래에서도 권력의 남용, 자유의 압살은 일어날 수 있다. 개인의 자유에 대해서 '다수의 지배'를 배경으로 한 압제(壓制)보다 더 강력한 위협은 없을 수도 있다.

나아가 '개인'과 민중(民衆), 그리고 대중(大衆) 사이에는 분명한 거리가 존재한다. 그들은 일종의 계몽이나 동원의 대상쯤으로 여겨진다. 민중과 대중은 사회 '운동'과 더불어 의식화되며, 지극히 과격해질 수 있다. 과격한 민중과 대중의 급격한 등장, 그리고 그들을 포괄하는 '다수의 전제'는 개인의 존재와 위상을 위험하게 만들 수 있다. 다시금 '개인'을 돌아보지 않을 수 없게 된다. 어느 순간 마루야마는 그 점을 깨닫게 되었던 듯하다.[9]

3
'시민(Citizen)'과 '시민사회(Civil Society)'

익히 알려진 것처럼, 마루야마는 '시민사회파(市民社會派)'의 일원으로 간주되어 왔다. 우치다 요시히코(內田義彦)가 마루야마, 오쓰카 히사오(大塚久雄) 등을 '시민사회 청년'이라 부른 데서 기인한다.[10] 그런 인식은

---

[9] 마루야마 자신은 어떤가. '자립화된 개인'이었는가 아니면 '민주화된 개인'이었는가, 아니면 그들 둘 다였는가. 둘 다일 수 있는가. 필자가 보기에 '민주화된 개인'에서 '자립화된 개인'으로 이행 혹은 인퇴(引退)하였다고 할 수 있을지 모르겠다. 이에 대해서는 좀 더 자세한 검토와 논의가 필요하다. 훗날의 과제로 삼고자 한다.
[10] 《マックス・ヴェーバー研究》(內田義彦, 1965); 《日本資本主義の思想像》(內田義彦, 1967).

상당히 오랫동안 받아들여졌다. 마루야마에 대해서 '근대주의' 내지 '근대주의자'로 간주해온 일련의 경향과도 무관하지 않다.

마루야마가 타계한 후(1996), 이시다 타케시(石田雄)는 저서(石田雄·姜尙中, 1997)에서 흥미로운 주장을 내세웠다. 마루야마는 '시민사회'라는 용어를 적극적으로 사용하지 않았다는 것, 나아가 전형적인 서구사회를 이상화(理想化)해서 서구와 같은 시민사회를 만들어내는 내는 것을 일본의 과제로 여기지는 않았다는 것이다.[11] 또한, 1998년 4월 후쿠다 칸이치(福田歡一)는 "마루야마 선생의 경우에도 적어도 '시민사회'라는 용어를 사용했던 적은 없다고 생각한다."라고 발언하였다.[12]

시노하라 하지메(篠原一) 역시 "이시다 타케시가 말하는 것처럼, 마루야마는 전쟁 이전과 전쟁 직후의 한 시기에 그 용어를 사용하고 있기는 하지만, 일본사회를 분석하는 용어로는 거의 사용하지 않았다. 시민사회론이 성행하게 되었을 때(마루야마는 이미 고인이 되어 있었다), 대표적인 사상가와 시류(時流)의 개념 용어를 연결해 생각하는 것이 논단의 주제가 되었던 것"[13]이라 하였다. 그런 용어를 쓰기는 했지만, 구체적으로 일본사회를 분석하는 용어로 쓰지는 않았다는 것이다. 또한, 시민사회라는 용어가 사용되었을 때에는 단적으로 '부르주아 시민사회'였다는 것, 그리고 일본에서 '시민사회'라는 용어가 쓰이게 된 것은 1990년대 이후의 일이라 한다.[14]

---

[11] 주목하고 싶은 것은 마루야마가 시민사회를 일본에 만들어내는 것을 과제로 삼았다고 할 수 있는 문장도 없으며, 나아가 마루야마가 그것을 과제로 삼지 않았던 이유를 적극적으로 설명한 자료도 없다는 것 등을 지적한 부분이다.
[12] 이 부분은 《丸山眞男論主体的作為, ファシズム、市民社会》(平石直昭, 2003) 및 《丸山眞男論: 主体的作為, ファシズム、市民社会》(小林正彌, 2003)의 해당 부분을 참조하였다.
[13] 篠原一, 2004: 99~100.
[14] 篠原一, 2004: 93~94.

히라이시 나오아키(平石直昭)는 그 같은 지적의 일면 타당성을 지적하면서도 마루야마의 '시민사회' 용례를 치밀하게 검토한 다음, 마루야마의 '시민사회'론이 갖는 '양의성(兩義性)'을 제기하였다. 마루야마에게는 1) 헤겔적인 '시민사회(뷔르거리헤 게젤샤프트, Bürgerliche Gesellschaft)'의 용례, 2) 보다 적극적인 의미로 사용되는 기조(Guizot)적인 용례가 동시에 있다고 한다(기조적인 용례는 후쿠자와를 매개로 하고 있다).

주목해야 할 것은 적극적인 이념으로 사용되는 기조적인 용례라 하겠다. 마루야마는 그의 글(丸山眞男, 1997(2))에서 후쿠자와의 반(反)유교주의 투쟁을 "'독립자존(獨立自尊)'의 시민적 정신을 위한 유키치의 투쟁", "시민적 자유를 위한 그의 분투(奮鬪)"로 표현하였다. 그런데 "그 '시민'은 사적인 이익만을 추구할 뿐인 헤겔적인 부르주아라기 보다는, 오히려 **근대적인 네이션(Nation)으로서의 일본을 떠받쳐주는 공공정신을 가진 시티즌(Citizen)의 번역으로 이해하는 것이 좋겠다.**"라고 하였다(平石直昭, 2003: 182). 또한, 다른 글(丸山眞男, 1997(3))에서 후쿠자와가 지녔던 가치의식이나 인류사회의 역사적 진보 과정에 관한 관념을 도식으로 정리하고, 사회 레벨에서의 그 변화를 '권력의 편중'에서 '다원적 자유'로의 변화로 파악한 것이 그렇다. 그 일면을 "중앙권력에의 가치집중(국가) → 여러 사회력(社會力)으로의 가치분산(시민사회)"으로 표현하였다는 것이다(平石直昭, 2003: 183).

그래서 히라이시는 "중요한 것은 적어도 어느 시기의 마루야마가 라스키 등에서 시사를 얻으면서, 기조=후쿠자와적인 '시민사회' 개념을 대중사회 상황과 파시즘에 대한 처방전으로 적극적으로 평가하고 있다는 사실"이라 지적한다. 대중사회와 파시즘에 대한 처방으로서의 시민사회론이라 해도 좋겠다.

  비슷한 시각에서 야마구치 야스시(山口定) 역시 마루야마의 시민과 시민사회를 새롭게 조명하고자 하였다. 그에 의하면, 마루야마는 '시민사회'라는 말은 사용하지 않았지만, 그는 사실상 '새로운 시민사회론'과 같은 성격의 그것에 접근해가고 있다. 1989년 이후 전 세계적으로 나타나게 된 사회현상과 더불어 '시민사회' 개념 자체에 큰 의미 변화가 일어나고 있다는 것이다.[15]

  요컨대 마루야마는 오늘날의 '새로운 시민사회론'에도 통용될 수 있는 내용을 전개하는 입구까지 도달해 있었다고 한다. 다만 '민주주의'의 확립을 '영구혁명'의 과제로 삼고 있으며, 나아가 '에토스(ethos)'='민주화'='주체성'의 확립으로 생각하기 때문에, 구체적인 제도 구상을 수반하는 '시민사회' 개념을 내놓는 데에는 이르지 못했으며, 또 자유의 옹호라는 기본적으로 수동적인 측면이 강하며 '시민참여' → '자기실현'이라는 계기는 조금 약하였다고 지적한다(山口定, 2003: 138).

  사실 '시민(citizen)'과 '시민사회(civil society)' 개념은 민주주의 문제를 생각하는 데 빼놓을 수 없다. 그런데 그런 용어에 담기는 내용은 일률적이지 않다. 그 실체는 여전히 문제가 되고 있다. '과연 누가 시민인가', '어떤 사람들을 시민이라 할 수 있을까'하는 물음은 지금도 새롭기

---

[15] 다음과 같은 점들을 예로 들고 있다. 그 이전과는 달리 ① '시민사회'는 '부르주아사회'와 '자본주의사회' 그리고 '시장원리' 등과는 분명하게 구별되며, 오히려 그 같은 것들을 억제할 수 있는 사회의 존재양태 모색이 '시민사회' 개념에 담기게 되었다. 그리고 거기서는 '시민사회'는 말할 것도 없이 '민주화'의 방향에 따른 긍정적인 개념으로 사용되고 있다. ② 또한 '시민사회' 문제를 생각하는 구조틀도, 많은 경우 '국가' 대(對) '시민사회'라는 종래형의 이원론이 아니라, '국가'·'시장'·'시민사회'라는 트리아드(triad)로 되어 있으며, 나아가서는 ③ 《국가를 넘어서는 시민사회》라는 저서도 있는 것처럼, 예전의 일국주의적인 시민사회론과는 달리 '세계시민사회'로의 모색을 지닌 것으로 되고 있으며, ④ 거기서부터 당연히 이문화공존(異文化共存)의 문제를 특별히 중시하는 것으로 되고 있다(山口定, 2003: 137).

만 하다. 시민의 실체는 무엇이며, 시민사회는 또 무엇인가.

시빅(Civic), 시빌(Civil), 시빌 소사이어티(Civil Society), 뷔르거(Bürger), 시트와엥(Citoyen) 등 다양한 용어가 번역되는 과정을 거치면서 '시민(市民)'과 '시민사회(市民社會)'라는 용어가 자리 잡게 되었다. 한자어로서의 '시민'과 '시민사회'는, 먼저 '시민'이 있고, 이어 '사회'가 연결되어 '시민사회'가 생겨난다. 역사적 실체가 부재한 상황에서 그들은 새로이 도입된 개념에 머물러 있었다. 그래서 시민이라 하면 바로 (1) 고대 그리스 도시국가에서의 시민과 (2) 근대 서구사회에서의 '부르주아(bourgeois)' 계급 이미지를 떠올리기 마련이다.[16] '부르주아'와 함께 등장한 '시민' 개념은 '시민사회'의 존재와 더불어 마치 보편적인 행위자의 그것 같은 뉘앙스를 갖게 되었다. 하지만 여전히 추상적이며 관념적이라는 느낌을 준다.

마루야마 역시 약간의 혼란이나 복합적인 상황을 인지했던 듯하다. 한 좌담에서 그는 이렇게 발언하고 있다. "시민주의(主義)라는 말은 무언가 다른 주의와 병렬하는 다른 이데올로기가 있는 것 같은 느낌이 들기 때문에, 나 자신은 사용하지는 않습니다. **시민이나 시민적이라는 말도 다의적이어서 결코 좋은 용어라고는 생각하지 않습니다.** 번역이라

---

16 고대 그리스에서 '시민'은 경제(oikos) 영역, 즉 개체의 유지와 종족 보존이라는 필요(necessity)와 욕구(desire) 차원의 문제를 가계에서 해결하고, 그로부터 자유로운 상태에서 공공의 선(public good)을 추구하는 광장인 폴리스(polis)에 참여할 수 있는 사람들을 가리키는 말이었다. 따라서 '시민'의 자격 요건(시민권)은 엄격하였다. 그들은 전체의 일부로서 존재하였으며, 공동체를 위해 헌신할 수 있는 특성을 지니고 있었다. 자기 이해 내지 이기(self-interest)를 주장하는 '개인'으로 존재했던 것은 아니었다. 그런 의미에서 **'개인 없는 시민'**이라 할 수도 있으며, 그 점에서 근대 서구사회의 시민과는 구별된다.
조금 덧붙여두자면, 시민은 곧 부르주아로 여겨져서도 안 되겠지만, 다수의 군중 혹은 대중과 동일시되어서도 안 된다고 생각한다. 자칫하면 **'시민 없는 시민사회'**의 횡행, 시민의식과 책임감 없이 쉽게 군중심리에 휘둘리는 익명의 다수(대중)로 전락할 우려도 없지 않다. '개인(의식) 없는 시민(집단주의)'의 범람과 '시민 없는 개인(비틀린 개인)'의 질주 현상도 보인다. 따라서 '개인'과 '시민'이 조화를 이루고 있는 정치적 인간형, 다시 말해서 **'개인으로서의 시민**('개인이면서 시민')'과 **'시민으로서의 개인**('시민이면서 개인')'을 설정할 수 있겠다.

하더라도, 원어는 시빌이라든가 시빅이라든가, 뷔르거라든가 시트와엥이라든가 다양하게 있는데, 그들은 관련은 있지만, 상당히 의미가 다르므로 점점 더 이야기가 복잡해지게 됩니다."(丸山眞男, 1998(4): 149)

그럼에도 상황에 따라서 마루야마는 적절한 다른 용어가 없었기 때문에 시민과 시민사회라는 용어를 더러 쓰지 않을 수 없었다. 히라이시가 적절하게 지적했듯이, 거기에는 헤겔적인 것과 기조적인 것이 뒤섞여 있었다('양의성'). 그가 헤겔-마르크스적인 학문 경향에 익숙했던 것과도 무관하지 않았다. 하지만 후쿠자와-토크빌적인 문제의식을 느끼게 되면서, 단순히 계급(경제)으로 환원되지 않는 독자적인 범주의 '시민'을 필요로 하게 되었다. 그렇게 전개된 (혹은 내재화되었던) 마루야마의 시민사회론은 1989년 동구권 붕괴 이후에 등장하는 새로운 시민사회론과 일맥상통하는 측면을 가질 수 있었다. 하지만 그것은 해석자들의 문제이지 마루야마 자신의 문제는 아니었다.

아무튼, 민주주의의 주체로서의 시민에 대해서 마루야마는 이렇게 말하고 있다. "…… 당면한 문제로서, **민주주의 담당자로서의 시민이라고 내가 말했을 경우에는, 다양한 민주적 결정 과정에 적극적으로 참여해가는 시트와엥적 측면과 공권력 그 외에 위로부터의 옆으로부터의 모든 사회적 압력에 저항해서 시빌 리버티즈(civil liberties)를 지켜가는 측면이라는 양쪽을 포함하고 있습니다.** …… '시민'적 의식이라 한 것은 각자가 직업적, 신분적, 기타 어떤 단체 구성원적인 소속에서 자신을 끊임없이 떼어놓는 사상적 조작을 의미하고 있습니다. 경험적 개념과 유착될 수 있는 우려가 적으며, 게다가 집단 개념이 아니므로, 용어는 뭐라고 해도 좋습니다."(丸山眞男, 1998: 150~151)

마루야마에게 '시민' 개념은 '경험개념' 내지 '실체개념'이 아니라 일종의 '규범개념' 내지 '기능개념'이었다. 용어는 뭐라고 해도 상관없다는 것이다. 그래도 굳이 말한다면, 1) "다양한 민주적 결정 과정에 적극적으로 참여해가는 시트와엥적 측면", 2) "공권력 그 외에 위로부터의 옆으로부터의 모든 사회적 압력에 저항해서 시빌·리버티즈를 지켜가는 측면"을 지녀야 하는 것으로 그려진다.[17] 거기다 시민으로서의 자각, 즉 '시민'적 의식을 가져야 한다.

그 같은 '시민'은 정신적으로는 '독립자존(獨立自尊)'하면서 자유를 위한 투쟁을 마다하지 않는다("'독립자존(獨立自尊)'의 시민적 정신을 위한 유키치의 투쟁", "시민적 자유를 위한 그의 분투(奮鬪)"). 그러면 그런 '시민'은 누구인가, 어떤 사람인가. 마루야마는 계급 또는 계층과 관련해서 구체적으로 말하지는 않았다. 하지만 앞에서 살펴본 자유로운 '개인'이어야 할 것이다.[18] 자유로운 개인은 자발적인 결사나 오토노머스 그룹(autonomous group, 자주적 조직), 다양한 어소시에이션(Association), 교회, 문화단체, 정당 등의 '볼런터리 오거나이제이션(voluntary organization, 자발적 조직)'을 형성해갈 수 있기 때문이다.

이렇게 본다면, 마루야마는 '시민'과 '시민사회' 개념에 얽혀 있는 개념적 혼란이나 부정확함, 그리고 일본의 역사적 경험과 개념(및 용어) 사

---

17 고바야시 마사야는 그들 두 측면을 공적 시민참여의 측면과 사적 자유의 측면, 즉 '시빅' 측면과 '시빌' 측면, 공적인 측면과 사적인 측면으로 정리하고, '공적 시민(public citizen)', '사적 시민(private citizen)'으로 부른다. 그들 둘이 통합된 것이 '공적 통합적 시민' 개념이며, '공공적(公共的) 시민=공공민(公共民)'이라 한다(小林正彌編, 2003 참조). 공공철학이라는 관점에서 이해는 할 수 있지만 구사하는 말들이 오히려 어렵게 만들고 있다.

18 "비교적 순조롭게 데모크라틱(democratic)한 발전을 이룬 사회에서는, 다시 말해서 시민사회가 발전하고 있는 곳에서는, 인간은 …… 오토노머스 그룹 속에 편성되어가게 되지요. …… 낡은 사회의 틀이 깨지고, 그 후에 오랫동안에 걸쳐서 시민사회적인 재편성이 가능할 수 있었습니다."(丸山眞男, 1998(1): 302)

이의 괴리 현상을 나름대로 충분히 알고 있었다. 그가 시민과 시민사회 개념에 관심을 가졌던 것은 '분석적인' 차원보다는 '규범적인' 차원에서였다. 그는 자신이 생각하는 '시민적 의식'을 가진 존재로서의 '시민'과 그들로 이루어지는 '시민사회' 이미지를 관념적으로는 지니고 있었다. 하지만 상정은 했으나 아직 개념적으로, 구체적으로 분명하게 정의(定義) 내리는 데까지는 나아가지 못하였다.

4
맺음말: 시사(示唆)와 함의

일본의 인민(people)에게 '국민(네이션, Nation)'이라는 관념(아이디어)을 심어주는 것이 메이지 사상가들에게 주어진 시대적 과제였다면, 전후 일본에 '자유'로운 '개인'이면서 동시에 '책임'을 갖춘 '시민'이라는 의식과 관념을 불어넣어주는 것이 마루야마 마사오에게 주어진 시대적 과제였다고 할 수 있겠다. 전후의 '계몽'에 주어진 시대적, 사회적 역할과 의무라 해도 좋겠다. 그런데 마루야마가 추구한 것은 고대 그리스의 '시민'일 수는 없었으며, 그렇다고 근대 서구의 부르주아지를 원형으로 하는 '시민(과 시민사회)'도 아니었다. 굳이 말한다면 전후 일본 사회에 적절한 (일본형) '시민'이라 할 수 있겠다. 그런 '시민'은 먼저 '개인'이어야 했다.

필자가 보기에 마루야마에게 주어진 그와 같은 시대적 과제는 그렇게 쉽지 않았다. 무엇보다 절대적인 시간이 필요했는지 모르겠다. 왜 그런가. 그 이유로는 다음과 같은 몇 가지를 들 수 있다.

우선, 일본의 정치사적 흐름과 정치학 개념의 불일치 현상을 들 수 있다. 이는 일본만의 현상은 아니며 동아시아 전반에 해당하는 특성이라 할 수 있다. 서구에서는 정치학 용어와 개념이 역사적, 정치적 변화와 더불어 등장했지만, 일본의 경우(한국도 마찬가지) 외부로부터의 수입과 수용 과정을 거쳤다. 따라서 Individual, Bürgerliche, Citizen 등 낯선 용어의 번역 작업이 지극히 어려웠다. '시민'과 '시민사회' 개념 역시 그러하였다. 일본에서 '시민사회'가 본격적으로 쓰이기 시작한 것은 1990년대 이후의 일이다.

둘째, 이들 개념이 자생적인 것이 아닌 만큼, 일본 사회와 역사의 고유함 내지 특성이 밑바닥에서 혹은 이면에서 지속해서 작용하고 있다. '일본의 사상', '원형(原型)', '고층(古層)', '집요저음(執拗低音, basso ostinato)' 같은 마루야마의 개념이 시사해주듯이, '개인'과 '시민'의 출현이나 작동을 방해하는, 혹은 지연시키는 요소들이 엄연히 존재하고 있었다. 일본 문화에 대한 마루야마의 본격적인 검토는 그런 측면에 대한 비판적인 탐구이기도 하였다. 정치적 주체가 원활하게 작동하기 위해서 넘어서야 할 관념적 장벽에 대한 탐구 정도로 볼 수도 있겠다.

셋째, '시민' 개념 자체가 갖는 이중성이나 모호성이라는 측면을 들 수 있다. '개인' 개념과 비교하면, '시민'은 한층 더 실체를 파악하기 어려웠다. 그리스 아테네 등 도시국가의 시민, 로마 시민, 그리고 서구 근대 시민사회의 부르주아지의 존재는 일본에서 찾아보기 어려운 것이었다. 부르주아 혁명의 부재와 그로 인한 여러 측면에 대한 해석을 둘러싸고 전개된 '일본 자본주의 논쟁'이 그것을 상징적으로 말해준다. 그럼에도 마루야마는 '다양한 민주적 결정 과정에 적극적으로 참여해가는 시트와엥적 측면'과 '공권력 그 외에 위로부터의 옆으로부터의 모든 사회적 압력에 저항해서 시빌·리버티즈를 지켜가는 측면'을 지니고, 시민으로서의 자각을 스스로 갖는 '시민'을 상정하는 데까지 이르렀다.

넷째, 메이지 유신 이후의 정치사에서 자유민권운동이 일어나 일찌감치 '인민주권'이 제기되었듯이, 비슷한 맥락에서 전후 일본에서는 '대중(大衆, mass)'의 등장 역시 빠르게 진척되었다. 전후 계몽으로 활약한 마루야마지만, 어느 순간 등장한 '대중' 앞에서, 혹은 과격한 '군중(crowd)' 앞에서, 더욱이 '지식인'에 속하는 젊은 대학생들의 과격화 — 선동과 시위, 집단행동, 그리고 폭력 행사 — 앞에서, 아마도 마루야마는 '아차' 싶었을 것이다. 자유민권 운동을 보면서 주춤했던 후쿠자와 유키치나 '다수의 횡포'라는 토크빌의 불길한 예언을 떠올려보게 되었을 것이다. 후쿠자와 유키치나 토크빌의 통찰력이 피부에 와 닿았다고 할 수 있겠다.

이렇게 본다면 흔히 말하는 "전후 일본 민주주의의 이론적 지주", 아울러 그 자신이 말하는 "영구혁명으로서의 민주주의"에서, 바야흐로 그 '민주주의'란 과연 무엇이었는지, 그 실체와 내용은 과연 어떤 것이었는지(자유민주주의, 사회민주주의, 인민민주주의) 한번 음미해볼 수 있는 시점, 아니 재음미해야 할 그런 단계에 이르렀다고 하겠다.

제2차 세계대전 이후 일본에서 '민주주의'는 적극적으로 개념정의되었다기보다는 '초국가주의', '일본적 파시즘', '군국주의' 등에서 벗어나는 것, 나아가서는 지향해가는 목표로서의 의미, 그러니까 소극적인 용법으로 쓰이고 있었다. 최근 저작들이 시사해주듯이 마루야마의 기본 출발점은 어디까지나 자유주의, 리버럴리즘(liberalism)이었다. 리버럴리스트(liberalist)였다는 것. 하지만 거기에 머물러 있다기보다는 — '자유지상주의자(libertarianist)'는 아니었다 — **자유주의를 토대로 하면서 '개인'과 '사회'의 유기적인 관계 속에서 '민주화'를 지향해갔던 것이 아닐까** 한다.

이 문제는 (한국 사회도 마찬가지지만) 자유주의와 민주주의 갈등과 타협을 역사적으로 체험하지 못했던 점과도 관련이 있다. '냉전(Cold War)' 체제하에서 민주주의는 거의 자동으로 '자유민주주의'로 여겨졌다. 서구 정치사에서 가장 두드러졌던 자유주의와 민주주의의 갈등을 뛰어넘었거나 이미 해결된 것 정도로 받아들여졌던 듯하다. 하지만 그 문제는 여전히 잠복되어 있다. 그 잠재된 폭발력은 어느 순간 수면 위로 떠오르게 된다.

정치적 주체라는 측면에서 본다면 개인과 시민, the public(公衆), mass(大衆), people(人民), 민중(民衆) 등과 관련해서, 자유롭고 책임을 지닌 '개인'의 존재 자체가 지극히 문제시되는 상황과 개인의 존재가 분명치 않은 상황에서 인민 주권론의 횡행과 급속한 대중화 현상은 '개인'의 존재 자체를 위험하게 만들 수도 있다.

다른 말로 하자면 '시민사회의 미약함 내지 부재'가 가져다줄 수 있는 위험성이라 해도 좋겠다. 파시즘조차도 일본에서는 '위로부터의 파시즘'이라는 특성을 보여주었다. 초국가주의(파시즘)가 하나의 극이라면, 너무나도 일찍 찾아와버린 대중사회, 더구나 다수의 선동과 폭력으로 얼룩지는 과격한 민주주의— 인민민주주의 내지 포퓰리즘(populism, 대중영합주의) — 의 등장은 아직 제대로 뿌리내리지 못한 '개인'의 존재를 위험하게 만들 수도 있다. 어느 순간 마루야마는 그 점을 절실하게 느꼈던 듯하다.

그런 의미에서 마루야마는 '개인'의 '자유'를 중시하는 자유주의자였다. 동시에 '시민'의 존재와 필요성을 절실하게 느꼈다['국민(네이션)'과는 또 다른 차원의 문제였다]. 그의 '개인'은 개인주의, 나아가 개인의 '자유지상주의자'는 아니었다. 제2차 세계대전 시작 단계에서, 그는 이미 개인과 '국가'의 관계를 생각하고 있다. 하지만 일본은 그 '국가주의'의 끝 간 데까지 가고 말았다(초국가주의, 울트라내셔널리즘). 그런 만큼 새롭게 출발하는 일본에서는 무엇보다 '개인'의 확립, 더 나아가 '개인'을 넘어서는 (혹은 유기적으로 연결되는) '시민'의 존재를 예감하고, 그 필요성을 느끼게 되었다. 하지만 너무 일찍이 찾아와버린 대중사회, 다수의 선동과 폭력으로 얼룩지는 과격한 민주주의(민중주의, '인민' 민주주의, 포퓰리즘)의 등장은 '개인'과 '시민'의 필요성을 또 다른 방식으로 느끼게 해주었다.

필자가 보기에 마루야마가 생각한 것은 개인의 자유와 시민의 책임을 동시에 지니는 그런 주체였던 듯하다. '주체적 작위'를 가능케 해주는 존재로서의 개인과 시민, 다른 말로 하자면 개인이면서 동시에 시민이며, 시민이면서 동시에 개인인 존재. 그 같은 정치적 주체는 한편으로는 지난날의 군국주의 파시즘과 초국가주의(우익 파시즘이나 전체주의), 다른 한편으로는 대중사회와 포퓰리즘, 민중주의와 '인민' 민주주의(좌익 전체주의)를 끊임없이 경계해가면서 개인의 자유와 시민의 책임을 동시에 추구해가는 적극적인 의미를 지닐 수 있다고 하겠다.

참고문헌

〈마루야마 마사오와 전후(戰後) 일본〉 NHK 특집방송 1996. 8. 15

마루야마 마사오 저. 김석근 역. 1998.《일본정치사상사연구》. 서울: 통나무.
丸山眞男. 1936.〈政治學に於ける國家の槪念〉.《東京帝国大学緑会雜誌》第8号. 東京:東京帝大法学部緑会.
丸山眞男. 1986.《'文明論の槪略'を読む》. 東京: 岩波書店.
丸山眞男. 1997.《丸山眞男集》全16巻別巻 1. 東京: 岩波書店.
丸山眞男. 1998.《自己内対話——三冊のノートから》. 東京: みすず書房.
丸山眞男. 1998.《丸山眞男座談》全9巻. 東京: 岩波書店.
丸山眞男. 2000.《丸山眞男講義錄》全7冊. 東京: 東京大學出版會.
みすず編輯部. 1997.《丸山眞男の世界》. 東京: みすず書房.
間宮陽介. 1999.《丸山眞男——日本近代における公と私》. 東京: 筑摩書房.
宮村治雄. 2009.《戰後精神の政治學: 丸山眞男・藤田省三・萩原延壽》. 東京: 岩波書店.
福田歡一. 2000.《丸山眞男とその時代》. 東京: 岩波書店.
飯田泰三. 1997.《批判精神の航跡——近代日本精神史の一稜線》. 東京: 筑摩書房.
飯田泰三. 2006.《戰後精神の光芒: 丸山眞男と藤田省三を読むために》. 東京: みすず書房.
宇野重規. 2003.〈丸山眞男における三つの主体像〉.《丸山眞男論主体的作為、ファシズム、市民社会》. 東京: 東京大学出版会.
山口定. 2003.〈丸山眞男と歴史の見方〉.《丸山眞男論主体的作為、ファシズム、市民社会》. 東京: 東京大学出版会.
平石直昭. 2003.〈丸山眞男の'市民社会'論〉.《丸山眞男論主体的作為、ファシズム、市民社会》. 東京: 東京大学出版会.
小林正彌. 2003.《丸山眞男論: 主体的作為、ファシズム、市民社会》. 東京: 東京大學出版會.
笹倉秀夫. 1988.《丸山眞男論 ノート》. 東京: みすず書房.
石田雄, 姜尚中. 1997.《丸山眞男と市民社會》. 横浜: 世織書房.
篠原一. 2004.《市民の政治學: 討議デモクラシーとは何か》. 東京: 岩波新書.
苅部直. 2006.《丸山眞男——リベラリストの肖像》. 東京: 岩波新書.
歴史と方法編纂委員會. 1998.《方法としての丸山眞男》. 東京: 青木書店.
田中浩. 2000.《日本リベラリズムの系譜: 福澤諭吉・長谷川如是閑・丸山眞男》. 東京: 朝日新

聞社.
福澤諭吉. 1875.《文明論之槪略》. 東京: 岩波文庫.
內田義彦. 1965.〈日本思想史におけるヴェーバー的問題〉.《マックス.ヴェーバー硏究》. 東京: 東
　　　京大學出版會.
內田義彦. 1967.《日本資本主義の思想像》. 東京: 岩波書店.

제3장

마루야마 마사오와 민주주의의 딜레마

시미즈 야스히사(규슈대학교)

    마루야마 마사오(丸山眞男)를 냉전기 자유주의 지식인으로서 논의하게 될 이번의 연구회의에서 나는 '민주주의의 딜레마'를 논해보자고 생각하였다. 물론 '민주주의의 딜레마'라고 마루야마가 말한 적은 없다. 그러나 마루야마는 "민주정체, 즉 인민통치(government of the people)라는 것은 본질적으로 모순개념이다."라고 했었기 때문에, 결정의 집중성과 참가의 분열성과의 딜레마가 존재한다는 점은 말한 바 있다(丸山眞男, 1998). 원래 딜레마가 존재하지 않는 사상은 그리 대단한 것은 아니라고 어디선가 말했던 것 같은데, 찾아보았지만 결국 발견하지 못하였다.

    '자유주의의 딜레마'라면 마루야마가 언급하고는 있다. "자유주의의 딜레마라고 할 만한 것이지요. 자유주의의 적에게 자유를 주어야 하느냐는 것은 말입니다. 역시 관용(tolerance)을 원칙적으로 인정하지 않는 사람이나 세력에 대해서는 관용적이어서는 아니 되는 것입니다. 나는 그렇게 생각하고 있습니다. 이것은 나의 나치 경험에서 나온 것입니다."라고 1985년 6월 2일에 말하였다(丸山眞男, 2005). 참고로 말하면, 동일하게 관용을 인정하지 않는 자유주의의 적이라 하더라도 파시즘에 비해 공산주의에 대해서는 너그러웠다고 한다. "공산주의라는 것은 리버럴리즘 내지는 데모크라시의 적자(嫡子)라는 생각이 내게는 존재"하기 때문이라고 마루야마는 덧붙였다.

'민주주의의 딜레마'는 마루야마의 저술에서는 찾을 수 없었지만, 생각나게 하는 바는 있다. 그 하나는 민주주의와 그 이외의 사상과의 딜레마인데, 예를 들면 민권과 국권, 바꾸어 말하면 국내 개혁과 대외적 독립과의 딜레마이다. 1986년에 출간된 그의 저서(丸山眞男, 1986; 제1강)에서는 막말 메이지 유신기의 지식인이 직면하였던 딜레마가 몇 가지로 언급되고 있다(보편과 특수, 제도와 정신, 민권과 국권, 민주와 집중 등). 그러나 이것은 우선순위 선택의 문제이지 민주주의에 내재하는 딜레마는 아닌 것 같다.

그리고 생각나는 또 다른 하나는, '인민의 지배'라는 민주주의의 이념과 소수지배의 현실과의 역설(paradox)이다. "데모크라시가 역설적이기 때문에, 그것은 운동으로서만 진실로 존재하는 것이다."라고 간주하여(丸山眞男, 1960), 민주주의 영구혁명론으로 이어진다. 그러나 이념과 현실의 모순은 어떠한 사상에서도 발생하는 문제이며, 민주주의의 본질적인 모순이라 할 수는 없을 것이다. 뿐만 아니라 소수지배는 정말로 철칙(鐵則)인가, 루소(J. J. Rousseau) 및 미헬스(R. Michels)에 의거하여 그렇게 단정해도 좋은가라는 문제이기도 하다.

게다가 추가로 또 하나를 제기한다면, 민주주의의 제도와 운동의 대립이 있다. 대담(1965)에서 마루야마는 "민주주의라는 것은 제도와 운동의 통일인 것입니다. 완전하게 제도화되어버리면, 국체(國體)처럼 되어버려서 민주화의 계기가 나오지 않습니다. 그러한 민주주의라는 것은 언어모순입니다. 다른 한편으로 제도와의 측면이 없다면, 이것은 완전한 아나키로서 운운"이라 말하고 있다. 일찍이 일본의 '국체'와 같이, 또한 1950년대의 미국의 매카시즘처럼 민주주의가 체제의 정통사상이 되는 경우를 마루야마는 가장 경계한 것이었다. 그러나 이것도 제도와 정신이라는 익숙한 상대개념과 마찬가지로 객관적인 관찰자가 본 모순이지, 행위자 자신의 딜레마라고 하기는 어렵다.

또 하나, '자유주의의 적에게 자유를 주어야 하는가'라는 앞서 언급한 문제에 비유한다면, '민주주의의 적에게 자치를 주어야 하는가'라는 딜레마를 들 수 있다. 인민이 민주주의를 바라지 않고 독재를 환영하거나 인민이 주권을 포기하는 것, 이른바 '인민기권'이야말로 민주주의의 딜레마이지 않을까. 마루야마는 저작 속에서 중우(衆愚)라는 두 글자를 쓴 적이 없는 것처럼, 그리고 역으로 직접민주주의를 거의 논하지 않은 것처럼 이 딜레마를 정면에서 다루려고 하지 않았을지 모른다. 그러나 서민, 노동자, 시민, 학생은 어떻게 정치참가를 해야 하는가, 자치의 책임을 지지 않으면 비판해도 좋은가라는 문제로서 이 문제를 줄곧 생각해 왔다고도 할 수 있다. 여기서는 주로 그 궤적을 스케치해보고자 한다.

'민주주의의 딜레마'라고 하면, 이미 요시노 사쿠조(吉野作造)가 거의 동의어라 할 만한 단어를 사용하고 있다(飯田泰三〈吉野作造〉). 요시노는 그의 글(요시노 사쿠조, 1922)에서, "내가 전날 모임에서 강연을 할 때, 도

중에 입장한 아주 무례한 몇 명의 청년들이 모임이 끝나자마자 뒤쪽으로 돌아다니면서 '요시노라는 바보, 요즘과 같은 세상에도 데모크라시를 떠받드는 어리석은 놈이 있느냐'고 큰 소리로 조롱하는 것이었다. 미리 말해두지만, 그날 밤 나는 데모크라시를 주장한 것이 아니다."라고 기록하고 있는데, 그는 민중의 직접정치 요구와 민중에 대한 불신과의 사이에서 데모크라시의 샌드위치적 상태가 생겨나고 있다고 자신의 생각을 드러냈다. 다른 글(요시노 사쿠조, 1928)에서 민주주의는 효과적이지도 신속하지도 않기 때문에, 또한 민중에 대한 기만이나 매수가 존재하기 때문에, 전제적인 선정주의(善政主義)가 차라리 낫다는 의견에 반론을 전개하면서 민중적 감독의 필요성을 주장하였다.

 마루야마는 전쟁과 냉전 시대의 자유주의 지식인으로서 그 근본사상인 자유주의 때문에 파시즘을 허용하지 않고 민주주의를 강화하려고 하였다. 원래 제2차 세계대전이 끝나기 전까지는 민주주의에 대한 상상력이 강했는지에 대해 의심스러운 측면이 존재한다. 민주주의의 정통성이 처음으로 세계를 제패하게 된 제2차 세계대전 이후는 이미 요시노와 같이 민주주의와 전제주의를 비교 검토할 필요가 없게 되었는데, 그 점이 오히려 마루야마에게는 문제였다. 마루야마는 1967년 3월 쓰루미 슌스케(鶴見俊輔)와의 대담(1967)에서는, '전쟁 직후의 시대' 이후 1950년의 레드 퍼지와 강화(조약_역자) 문제를 계기로 '제2기'가 도래하여, 힘에서 밀리기 시작한 민주세력의 운동에 참가하였다고 회고하고 있는데, 1949년까지의 제1기로부터 마루야마가 자유주의 지식인으로서 민주화를 추구한 궤적을 추적해보고자 한다.

1
전쟁 직후의 마루야마

전쟁 직후의 마루야마가 곧바로 민주주의 이념을 주장한 것은 아니었다. 사후 편집·간행된 노트(1998)에는 1945년 10월 29일 '우리나라 데모크라시의 제 문제(我が国デモクラシーの諸問題)'가 〈천황제와의 관계(天皇制との関係)〉,〈데모크라시에 내재하는 모순(デモクラシーに内在する矛盾)〉,〈정치교육의 문제(政治教育の問題)〉의 세 편에 걸쳐 기록되어 있는데, 데모크라시에 대한 회의가 농후한 것이었다. 11월 4일 '데모크라시의 정신적 구조(デモクラシーの精神的構造)'로서 "인간 한 사람이 독립적 인간이 되는 것(특히, 틀렸다고 생각하는 것에 대해서는 곧바로 〈노〉라고 말할 것)", "타인을 독립적 인격으로서 존중할 것" 등의 두 가지를 들면서, 그것이 결여되면 '단순한 다수지배', '부화뇌동적, (그리스의_역자) 패각 투표(貝殻投票; 오스트라시즘) 데모크라시'로 타락하여 '독재정'을 준비한다고 경고하고 있다. 11월 9일에는 "현대 일본은 데모크라시가 지상명령으로서 교조화할 위험성이 다분히 존재한다."라고 언급하였고, 패전 점령에 의해 '민주주의 만만세'로 급변한 것에 대한 반감이 강했던 마루야마는 훗날에도 "전후 민주주의에 바람직하지 않은 점이 있다고 한다면, 출발점에서 이러한 딜레마에 대한 인식 없이 대동아공영권에서 갑자기 아메리카 데모크라시라든지 평화주의 만만세로 되어버린 것입니다."라고 기록하고 있다(丸山真男, 1984).

마루야마는 전후 반년 정도 고뇌한 끝에 인민주권 사상에 도달하였다. 연합군 총사령부(General Headquarters, GHQ)가 기초하여 1946년

3월 6일에 발표된 헌법개정 정부 초안 요강을 보고 당황하였는데, 그 때까지의 '천황과 일체화한 듯한 국민'이라는 사고방식에서 '전향'하였다고 한다(松沢弘陽, 2006). 3월 22일에 탈고한 논문(丸山真男, 1946)의 말미에서는 포츠담선언의 이해방식으로서 '국체'가 '일본국민에게 그 운명을 맡긴 날'이라 하여 8.15를 이해하고 있었다. 그러나 그 논문에서의 천황제 비판은 오로지 자유주의의 입장에서 행해진 것이었으며, 마루야마가 민주주의의 입장에서 천황제를 부정하기에 이른 것은 아마도 1949년의 일이었다. 일본국헌법 제1조를 '주권은 인민에게 있다', '천황은 일본인민의 상징적 존재이다'라고 수정하는 공법연구회의 〈헌법개정의견(憲法改正意見)〉(1949)에 가담하면서, 동시에 올드 리버럴을 대표하는 다나카 고타로(田中耕太郎, 도쿄제국대학 법학부 교수에서 문부대신, 당시는 참의원 의원, 1950~1960년 최고재판소 장관, 친미파)와 〈현대사회에서의 대중(現代社会における大衆)〉에서 격론을 벌인 때 즈음일 것이다.

그런데 미시마(三島)의 서민대학(庶民大學)에서는 "민주주의라고 하면 중우정치가 되지 않겠는가?", "어째서 대중의 의사라는 것은 언제나 올바른가?"라고 마루야마에게 질문한 사람들이 있었다고 한다(丸山真男, 1985). 또한 마루야마가 미시마에서 한 세 강의(1945; 1946; 1946) 중에 어느 것인지는 명확하지 않지만, 《시미즈초 역사(清水町史)》에 따르면, 나고야 제국대학 공학부 학생으로 귀향 중이던 기바타 구니히코(木畠邦彦)는 마루야마의 일본역사에 관한 강의를 듣고서 종래의 역사관과 크게 달랐기 때문에 질문한 것이었는데, "얼굴이 벌게질 정도로 열을 내면서 반론해와서 매우 놀랐다."라고 기술되어 있다. 후에 그의 아내가 된 기바타 하나(木畠花)도 그 때문에 발을 돌리게 되었다고 한다. 인민주권에 이른 마루야마는 "인민 한 사람 한 사람이 치자로서의 마음가짐과 책임을 갖는 점에 민주주의의 본질이 있다."라고 하여 '피치자근성'을 꾸짖었다(丸山眞男, 1946). 또한 "민중의 문제라는 것은 오히려 자기자신 속에 존재하는 내면적 의식의 문제로서 시도때도 없이 민중, 민중이라고 말하는 문제가 아닐까."라고 하면서, 여러 방면에서의 강연 및 저널리즘에 대한 집필보다도 본격적인 작업을 할 것과 진정한 아카데미즘을 확립할 것을 주장하는데(丸山眞男, 1947), 서민대학에서의 진지한 얼굴의 반론과 어떤 관계가 있는 것일까?

2
마루야마 마사오의 1950년대

1950년, 혹은 평화문제 간담회를 설립한 1949년에 마루야마는 민주세력의 운동에 참가하였다. 한 편지(丸山眞男, 1950)에서, '자유주의 지식인'은 파시즘과도 공산주의와도 싸워야 할 필요가 있다고 주장하는 자유주의자에 대해, 마루야마 자신은 정치적 판단으로서는 실용주의자(pragmatist)이고 싶다고 하면서, 일본사회의 '민주화에 이바지하는 역할'을 사회당과 공산당에게도 인정하여 이들에 대한 탄압에 반대하였다. '영미적 민주주의 대 소련적 공산주의의 투쟁이라는 도식'을 비판한 것처럼, 소련형 민주주의도 있다고 생각하고 있었으며, 그 이해는 민주주의에는 인민민주주의와 입헌주의적 민주주의의 두 가지 계보가 있는 것으로서 소련형 민주주의는 인민민주주의의 계보에 가깝다고 설명하는 것에까지 이어졌다(丸山眞男, 1959). 영미적인 자유민주주의의 방위라

는 이름 아래 반민주주의적 요소가 부활하거나 강화되는 것에 대한 의문은 이윽고 《민주주의 이름의 파시즘(民主主義の名におけるファシズム)》(丸山眞男, 1953)에 대한 비판으로서 표현되었다. 민주주의의 이름으로 '민주주의의 적을 배제한다', '이질적인 것을 배제한다', '정통화된 사상으로 획일화해간다', '똑같은 생각을 하는 자에게만 언론의 자유를 허용한다'는 과정이 매카시즘의 미국에서, 그리고 일본에서도 진행되었다는 것이다.

일본에서는 1952년 4월 본토점령 종료 후, 헌법은 강제된 것이었다고 느끼고 있었던 정치가들이 헌법개정을 지향하여 1955년 11월에는 합동을 이뤄 자유민주당을 결성하였다. 자유민주주의를 둘러싼 논의가 이 이후에는 더욱 하기 어려워졌을 텐데, 마루야마는 1956년 7월의 참의원 선거에서 개헌저지를 위해 난바라 시게루(南原繁) 등에게 접근한 듯 보이며, 그 절실함은 1958년 5월의 중의원 선거까지 이어졌을 것이다. 1958년 9월 요즘 일이 년 사이 "정신적으로 슬럼프를 느낀다."라고 고백(丸山眞男, 1958)한 것은 그때까지 격투해온 천황제도 마르크스주의도 풍화되었기 때문만이 아니라, 개헌저지가 일단락된 것도 작용하지 않았을까? 마루야마는 노동조합이야말로 '현대사회에서 대중의 원자적 해체에 저항할 가장 중요한 거점'(丸山眞男, 1952)으로 기대하는 상태가 되고 있었는데, 그 무렵부터 '서민과 구별된 의미에서의' 시민에 기대를 걸게 되었다. 자유가 "매일매일 자유롭게 되고자 하는 것에 의해 비로소 자유일 수 있다."라는 것처럼, 민주주의도 "끊임없는 민주화에 의해 겨우 민주주의일 수 있다."라고 할 수 있으며, "비정치적인 시민의 정치적 관심에 의해, 또한 '정계' 이외의 영역에서의 정치적 발언과 행동에 의해 비로소 지탱될 수 있다."라고 하였다(丸山眞男, 1961).

마루야마가 정치 및 경제에서의 '하다'의 가치를 중시한 것, 학문, 예술 및 문화에서는 '이다'의 가치가 중요하다고 한 것은 잘 알려져있다. 그럼에도 대학 등에서는 업적주의의 범람과 같이 가치의 전도가 생겨나고 있었으며, 그 전도를 다시 뒤집기 위해서도 문화의 입장에서 정치에 대한 발언이 요구되었지만, 그것이 '보수적'이라고 비정상적으로 여겨질 것이라고 예감한 것은 이해하기 어렵다. 어쨌든 '라디칼한(근본적) 정신적 귀족주의가 라디칼한 민주주의와 내면적으로 결합하는 일'이 현대 일본의 지적세계에 가장 요구되는 것이라고 한다(丸山眞男, 1961). 마루야마는 그러한 정신적 귀족주의에 의해 대중사회화에 저항하고 미국 추종주의에 대해서도 저항하려고 했지만, 1950년대 말에 전후민주주의에는 "숭고한(sublime) 것이 없다."라고 말하였다고 하는 만큼(三谷太一郞, 2011), 당연하기는 하지만 전후민주주의에 대한 비판도 있었다.

3
1960년 마루야마의 활약

1960년 안보조약 개정 반대운동에서의 마루야마의 활약은 인상깊었다. 기시 노부스케(岸信介) 수상이 국회에서 신조약(미·일 안보조약의 개정_역자)을 충분히 검토하지 않은 채 경찰관을 투입하여 채택을 강행한 것에 대해, "그 사실을 기정사실로서 인정하는 것은 '권력은 무엇이라도 할 수 있다, 만능이다'라는 것을 인정하는 것입니다. 권력이 만능이라는 것을 인정하면서 동시에 민주주의를 인정할 수는 없습니다."라

고 마루야마는 거부의사를 관철하였다[〈선택의시간(選択のとき)〉(5. 24강연)]. 집회 후 수상관저까지 데모행진을 하여 기시 수상과의 면회를 요구한 시미즈 이쿠타로(清水幾太郎)에 대해, "시미즈상, 그렇게 면회를 강요하는 것은 나의 취미와 어울리지 않고 민주주의에 반한다고 생각하는데……"라고 마루야마가 말하였다고 하는데, 후반구는 1975년의 시미즈가 추가했을지도 모른다(清水幾太郎, 1975). 더욱이 의회제민주주의의 원리에서 보면, 국민의 요청을 무시하는 국회의 '원내주의'적인 이해를 비판하고 다수결주의의 전제로서 '토의에 의한 정치'를 주장하였다 [〈이 사태에 내포된 정치학적 문제점(この事態の政治学的問題点)〉(5. 31 강연)].

1960년 안보투쟁의 격동 속에서 마루야마는 민주주의의 영구혁명을 생각하였다. "만일 '주의'를 둘러싸고 영구혁명이 있다고 한다면, 민주주의만이 영구혁명의 이름을 붙일 만한 것이다. 왜냐하면 민주주의, 즉 인민의 지배라는 것은 영원한 역설(paradox)입니다.", "그러므로 그것은 프로세스(process)로서, 운동으로서만 존재합니다."(丸山眞男, 1960). 민주주의의 '영구혁명'이 파시즘에서의 '끝없는 영원한 운동(無窮動)'(丸山眞男, 1957)과 비슷하게 보이는 것은 어찌된 일일까? 국회를 둘러싼 데모에 '새로운 형태의 시민적 불복종의 맹아'를 발견한 후년의 마루야마는 그 자신의 1960년 활동은 예외적인 것으로 느끼고 있으며 자기 자신은 '보수'라고 말한다. "보수이기는 하지만, 저의 심리는 그쪽에서 공격해 오면 그때는 상대가 되어 부딪치리라는 것을 생각하는 타입으로서, 특히 적극적으로 이쪽에서 정치에 참여하고 싶다고 여기는 타입은 아닙니다. 원래 은둔형입니다."(丸山眞男, 1967)

1960년대의 마루야마는 '현대 일본의 혁신사상'(丸山眞男, 1966)을 논의하는 한편, 보수의 태도를 강화해간 것으로 보인다. 1964년의 저서에 실린 저자 후기에서는 "대일본제국의 '실재'보다도 전후민주주의의 '허망'에 (희망을_역자) 걸겠다."라고 단언하였다. 마루야마의 이 말은 "미군 점령하의 민주주의는 허망한 것이다."라고 논한 오오쿠마 노부유키(大熊信行)에 대한 반론이었는데, 전쟁 직후의 민주주의에 허망한 측면이 있었다는 것은 누구라도 인정할 것이었지만, 전후 20년 가까이 헌법과 민주주의를 지키고 키워왔다는 생각이 내비쳐지는 것이었다. 또한, 전쟁 중의 연구성과(丸山眞男, 1952)와는 180도 달라진 시점에서 에도시대를 재인식하고 있다고 하면서, 에도시대 스타일(型)의 세련됨, 메이지 이후 스타일의 붕괴, 그것을 가속화한 전후의 '민주주의의 미성숙'에 대해 말하고 있다(丸山眞男, 1967). 더욱이 학생의 자치를 교수회의 자치 아래에 둔 도쿄대의 팸플릿 〈대학의 자치와 학생의 자치(大学の自治と学生の自治)〉는 마루야마가 평의원이었던 1965년 11월의 도쿄대 평의회에서 승인되었는데, 도쿄대 분쟁의 절정에서 가토 이치로(加藤一郎) 총장 대행이 그것을 폐기한다고 보도한 1968년 12월 27일자 마이니치 신문(毎日新聞) 기사를 오려내어 그 위에 '복지국가관, 참가 → 수익자의식의 증대가 된다면 자주성이 감퇴한다'고 마루야마가 메모하고 있는 것처럼, 학생의 자치 요구에는 부정적이었다. 학생들은 전국학생공동투쟁회의(全学共闘会議, 줄여서 '전공투'라는 이름으로 더 잘 알려져 있다_역자)를 결성하여 부당한 처분의 철회를 요구했는데, 1969년 당시 학생들은 전후민주주의의 난센스라 외쳤다고 한다.

4
1970년대 이후의 마루야마 마사오

1971년에 도쿄대를 사직한 마루야마는 매스컴에 대해 침묵을 지키고 있었지만, 일본의 현실이 어디까지 민주주의라고 할 수 있는지에 대해 생각하고 있었으며, 전후민주주의 비판에 대한 반론을 방문자들에게 역설하고 있었다. 이미 1969년 4, 5월경 전후민주주의에 대한 부정적 언설이 늘어나는 현상에 대해, 전후민주주의라는 것은 전후의 헌법체계인가, 현실의 정치체제[1]인가, 민주주의 운동인가, 데모크라시의 이념인가를 변별해서 논의해주었으면 한다고 노트(丸山眞男, 1998)에 쓰고 있는데, 1977년 이후 전후민주주의를 비판하는 사람은 이념과 운동과 제도 중 어느 쪽을 말하는가, 더욱 한심한 것은 전후 정치의 현실을 전후민주주의라고 말하고 있다고 반비판하고 있다(丸山眞男, 1985). 거기에는 민주주의 이념에 의해 현실을 판단하는 사고가 취약한 '현실주의'에 대한 비판이 보이는데, 이념·운동·제도를 현실로부터 떼어내려는 사고방식이 존재한다. 또한 전후 민주주의의 원점에는 민주주의의 이념과 운동이 있었지만, 고도경제성장기에는 민주주의의 제도만 있었다는 역사의식도 존재한다. 전쟁 직후의 민주주의는 그 정도로 훌륭한 것이었을까? 고도경제성장기의 전공투도 그들 나름의 이념에서 민주주의 운동을 하였다고 인정해도 좋지 않았겠냐고 당시 중학생이었던 나는 생각하였다.

---

[1] 이른바 의회정 민주주의의 이념(×현실)에서 멀어진 보수 영구정권하의 '의회정치'(およそ議会政民主主義の理念(×現実)から遠い保守永久政権下の「議会政治」

1980년대의 마루야마는 '정신적 귀족주의'의 필요성을 말하는 자기 자신을 '철저하지 않은 민주주의자'라고 비아냥대며 자인하였다(1982. 8. 17. 이에나가 사부로(家永三郞宛)에게 보낸 편지로 본다). "직접민주주의는 보완적인 역할에 그쳐야만 하며, 그렇지 않으면 인민투표적 독재제도의 길을 열어버리고 맙니다."라고 덧붙이고 있다. 다른 한편, '시민으로서의 정치적 의무'에 대해 언급하면서, "데모크라시라는 것은 실제로는 비정치가의 정치적 책임이라는 역설로 정당화할 수밖에 없다."라고 말하면서, 비정치적인 보통의 시민의 재가불교(在家佛敎, 출가하지 않은 불교신자의 신앙의 의미를 상대적으로 더높이 평가하는 불교)적인 정치행동으로서, 예를 들면 물가 문제인 경우, 소고기 물가가 상승하면 정육점 앞에 부인들이 피켓을 들고 서 있는 광경을 미국에서는 종종 보게 된다고 하면서 그런 행위를 높이 평가하고 있다[나카노 요시오론(中野好夫論) 1985. 4. 8. 버클리에서의 체험인 듯하다]. 일본의 전후 민주주의운동에 대해서는, '자립적 개인이 출현할 것이라는 기대'가 있었지만, 그것을 너무 쉽게 생각하였으며, '현대 일본의 정치체제는 정권교체가 없는 민주주의, 상대적으로 언론 자유가 존재하는 곳의 일당독재체제'가 아니겠느냐고 말하고 있었다(丸山眞男, 1955).

냉전 종식이 보이기 시작한 1989년 연초에 쇼와(昭和) 천황이 타계하고 중국에서는 6. 4 톈안먼 사건이 있었다[한국에서는 1987년에 민주화선언과 대통령 직접선거 그리고 1970년대 후반 한국의 옥중에서《현대정치의 사상과 행동》(丸山眞男, 1964)이 최열(崔洌) 등에게 읽혔다(丸山眞男, 2003)]. 마루야마는 1969년의 '보수 영구정권'이 여전히 지속하고 있는 가운데, 인민주권의식의 활성화에 대해 언급하면서 정권교체를 예감하고 있었다. 자민당이 대패한 도의원 선거 직후인 7월 7일에는 민주주의의 삼위일체 중에 이념과 운동을 강조하여, 1964년 이래로 오랜만에 '민주주의는 영구혁명'이라고 논하였으며, 1945년 이래의 전후민주주의의 원점으로서 미시마의 서민대학에서 접한 민중의 민주주의에 대한 질문과 헌법의 인민주권 이념에 관해 말하고 있다(丸山眞男, 1989). 마루야마의 애제자를 자칭한 안도 진베(安東仁兵衛)가 "선생님의 최종적인 정치적 입장은 무엇입니까"라고 끈질기게 질문하자, "굳이 말한다면 민주주의의 영구혁명론자라고 할까, 영구혁명으로서의 민주주의자라고 할까."라고 대답하였다고 하는데(NHK 특집방송, 1996), 언제 일인지는 알 수 없다. 냉전기 자유주의 지식인으로서 마루야마는 인민주권의 이념을 받아들인 1946년부터, 혹은 그의 자유주의 때문에 민주주의의 방어가 아니라 민주주의의 발전 및 신장을 지향한 1950년부터 딜레마를 안은 채 민주주의자로서의 길을 걸어 왔다.

5
덧붙임

이로써 논문을 끝내고자 하지만, 만일 시간이 남았을 경우를 대비하여 마루야마 연구를 위한 자료의 문제에 관해 기록해두고자 한다. 지난 12월 14일 도쿄여자대학(東京女子大学)의 마루야마 마사오 연구 프로젝트의 제2회 연구회에서 발표한 나는 수일 후 400자 전후의 발표요지를 요청받아 다음의 내용과 같은 원고를 제출했는데, 채택되지 않았다. 도쿄여자대학은 마루야마의 저작에 걸린 저작권을 증정받은만큼 도서관에 전체복사 허가권을 부여할 수도 있는데, 그렇게 하지 않는다고 쓰지는 않았다. 하지만 그러한 마루야마 문고 이용자의 기대를 표현하고 싶었는데, 개요로서 불충분했기 때문이었을까?

〈마루야마 마사오와 미국(丸山眞男と米国)〉, 시미즈 야스히사(淸水靖久)

마루야마의 사상을 미국과의 연관 속에서 고찰한 5년 전의 연구를 바탕으로 근년의 견해들을 첨가하여 발표하였다. 그 내용을 요약하기보다는 발표 전에 오랜만에 이용한 마루야마 문고의 자료의 문제를 기록해두는 것으로 요지를 대신하고자 한다.

1. 마루야마의 네 번에 걸친 도미에 대해서는 미국의 대학도서관 등에 보존된 서간류를 사용하여 연구하였다. 미국의 도서관에서는 지참한 디지털 카메라를 사용한 촬영을 허가하였으며, 그에 따라 저작권이 침해당한다고는 생각하지 않는 것 같다.

2. 1969년에도 마루야마가 도미할 예정이었다는 점은 마루야마 문고 가운데 〈쇼와(昭和) 43년도 문부성 재외연구원 안내(文部省在外研究員の手引)〉에서도 확인할 수 있다고 생각하였다. 그러나 한 번에 5점밖에 원사료물을 열람할 수 없었기 때문에, 열람 희망자료에 기입할 엄두가 나지 않았다.

3. 메모장(丸山眞男, 1998) 중의 영미 양국의 개인주의론은 로버트 벨라(Robert Bellah)의 저서 《Habits of the Heart》(1985)의 독후감이 아니겠느냐는 생각이 발표 전날 들었다. 마루야마 문고에 들어 있

는 위의 서적으로 검색한 결과, 상당한 양의 메모가 기록되어 있는 것을 확인하였지만, 2주 전까지 열람신청을 제출하지 않으면 안 되기 때문에 이미 늦은 상태였다.

4. 《자기내대화(自己内対話)》(丸山真男, 1998)로서 사후 발표된 노트들 가운데, 1940년대의 〈회상록(折たく柴の記)〉은 비공개 방침인 듯한데, 〈춘서첩(春曙帖)〉(丸山真男, 1998)은 공개되어 있으며, 많은 부분에 대한 해명을 기다리고 있다. 도쿄대 분쟁과 관련해서는 1969년 2월 27일, 4월 24일의 교수회 잡자료(雜資料) 9통이 검출되었기에 과감하게 신청했는데 비공개라는 것이다. 어쨌든 귀중한 자료를 보존하는 마루야마 문고에 크게 기대하고 있다.

참고문헌

吉野作造. 1922. 〈板挟みになつて居るデモクラシーの為めに〉. 《問題と解決》.
三谷太一郎. 2013. 〈丸山眞男は戦後民主主義をいかに構想したか〉. 《東京女子大学比較文化研究所附置丸山眞男記念比較思想研究センター報告》. 東京: 東京女子大学比較文化研究所.
松沢弘陽. 2006. 《丸山眞男回顧談》上. 東京: 岩波書店.
清水幾太郎. 1975. 〈清水幾太郎氏の闘い〉. 《わが人生の断片》. 東京: 文藝春秋.
中村哲, 丸山真男, 辻清明編. 1954. 《政治学事典》. 東京: 平凡社.
丸山真男. 1946. 〈政治と台所の直結について〉. 《女性新聞》. 日本基督教女子青年会.
丸山真男. 1946. 〈超国家主義の論理と心理〉. 《世界》5月号. 東京: 岩波書店.
丸山真男. 1947. 〈新学問論〉. 《潮流》1月号. 東京: 吉田書房.
丸山真男. 1950. 〈ある自由主義者への手紙〉. 《世界》9月号. 東京: 岩波書店.
丸山真男. 1952. 《日本政治思想史研究》. 東京: 東京大学出版会.
丸山真男. 1952. 《政治の世界》. 東京: 御茶の水書房.
丸山真男. 1953. 〈民主主義の名におけるファシズム〉. 《世界》10月号. 東京: 岩波書店.
丸山真男. 1958. 〈戦争と同時代〉. 《同時代》8. 東京: 黒の会.
丸山真男. 1959. 〈民主主義の歴史的背景〉. 日本の民主主義, 日本学生奉仕団 第三回 国内セミナー報告書.
丸山真男. 1960. 〈感想三つ〉. 《声なき声のたより》第4号, 声なき声の会.
丸山真男. 1961. 〈「である」ことと「する」こと〉. 『日本の思想』. 東京: 岩波書店.
丸山真男. 1964. 《現代政治の思想と行動》. 東京: 未来社.
丸山真男. 1966. 《現代日本の革新思想》. 東京: 岩波書店.
丸山眞男. 1967. 〈普遍的原理の立場〉. 《思想の科学》. 東京: 思想の科学社.
丸山真男. 1984. 〈近代日本と福沢諭吉〉. 《三田評論》11月号, 慶応義塾.
丸山真男. 1985. 《丸山眞男話文集》. 東京: みすず書房.
丸山真男. 1986. 《『文明論之概略』を読む》. 東京: 岩波書店.
丸山真男. 1996. 〈五・一九と知識人の「軌跡」〉. 《丸山眞男集》. 16. 東京: 岩波書店. 政治学事典.
丸山真男. 1998. 〈民主主義の原理を貫くために〉. 《丸山眞男座談》5. 東京: 岩波書店.
丸山真男. 1998. 〈春曙帖〉. 《自己内対話》. 東京: みすず書房.
丸山真男. 1998. 《丸山眞男講義録》3. . 東京: 東京大学出版会.

丸山真男. 2003.《丸山眞男書簡集》4. 東京: みすず書房.
丸山真男, 鶴見俊輔, 北沢恒彦 & 塩沢由典. 2005.《自由について: 七つの問答》. 京都: SURE.

丸山真男. 1989. 〈戦後民主主義の「原点」〉. 인터뷰.
〈마루야마 마사오와 전후(戰後) 일본〉 NHK 특집방송 1996. 8. 15.

丸山真男. 1960. 〈選択のとき〉 (5.24. 강연).
丸山真男. 1960. 〈この事態の政治学的問題点〉 (5.31 강연).

제2부

레지티머시(legitimacy), 영구혁명 그리고 국제정치

제4장

왜 레지티머시(legitimacy)가 중요한가?: 1980년대의 마루야마 마사오

코노 유리(수도대학도쿄)

1
'마루야마 정치학': 독재의 정치인가 차이의 정치인가

'마루야마 정치학'이라는 말이 있다. 이는 마루야마나 넓은 의미에서 마루야마의 가르침을 받은 정치학자의 학문적 특성을 가리키는 말이다. 그러나 이것은 애초에 무엇을 의미하는 것일까? 첫째로 주의해야 할 것은 이것은 다른 사람이 그렇게 칭한 것이라는 점이다. 마루야마 자신은 '정치학자 마루야마'를 자칭한 적이 없다. 둘째로 이 '마루야마 정치학'이라는 정치학이 애초에 어떤 정치학이었는지에 대하여 사실은 연구자들 사이에서조차도 의견이 일치하지 않을 가능성이 있는 점이다. 예를 들어 다음과 같은 논설을 보자.

사사키 다케시(佐々木毅)도 야마구치 지로(山口二郎)도 포함하여 정치 개혁에 관여해 온 정치학자들은 오랫동안 지속된 자민당(自民黨) 중심의 할거적인 이익 정치를 물리치고 마루야마 마사오(丸山眞男)로부터 전후(戰後) 정치학으로 계승되어 온 '강력한 리더십'의 이념을 지금 실현하는 것이야말로 사명이라고 생각하고 있었다. 그러나 그것은 정권교체로는 실현되지 않았고, 대신에 하시모토(橋下)라는 반주지주의(反主知主義)적이고 '포퓰리즘적'인 정치가에 의하여 실행되려고 하고 있다. …… 전후 정치학의 전통이 그 무기를 빼앗기고 굴복당하고 있다는 기묘하고도 얄궂은 현상 ……. (森政稔, 2012)

모리 마사토시(森政稔)는 여기에서 현대 일본에서의 두 가지 정치학의 존재에 주의를 환기한다. 즉 '개혁의 정치학', '정권교체의 정치학'과 '차이를 전제로 하여 이를 어떻게 배려할 것인가'를 중시하는 '문화 변용을 고려한 새로운 민주주의 사상'의 두 가지이다. 결단이나 리더십을 중시하는 '개혁의 정치학'과 이질적인 타자와의 공존을 중시하는 '차이의 정치학'으로 각각 바꿔 말할 수도 있다. 모리는 양자를 대비하고 나서 '마루야마 정치학'과 그것을 계승하는 '전후 정치학'의 조류를 전자 쪽에 위치시켜 놓고 있다.

'타자를 그 타재(他在)에서 이해하는' 것을 중시하였던 마루야마의 정치학에 대하여, 이러한 위상을 부여하는 것에 위화감을 느끼는 사람도 적지는 않을 것으로 생각한다. 개혁개방 이후 중국 대륙에 유입된 다양한 '현대 사상' 중의 하나로 마루야마에 대하여 한 장(章)을 할애한 왕전(王前)의 저서(王前, 2011)는, 개혁개방 이후 제2차 천안문(天安門) 이전에 보인 지식인의 '문화열(文化熱)'을 일본의 전후 계몽과 유비(類比)하면서, '미완의 근대'를 옹호하는 입장의 대표로 마루야마의 사상을 파악한다(王前, 2011). 현대 중국의 데리다(Jacques Derrida) 붐이나 카를 슈미트(Carl Schmitt) 붐에 경종을 울리는 왕전의 지적 아이콘이야말로 이사야 벌린(Isaiah Berlin)과 마루야마이다. 비판적 이성이나 근대에 대한 안이한 회의는 거대한 권력이나 그 독재의 변증을 오히려 귀결시킬지도 모르는 위험성을 안고 있다. 비판적 이성을 행사하는 주체적 개인의 확립과 그러한 개인에 입각한 정치의 가능성, 포스트모더니스트가 보면 진부하고 시대에 뒤떨어졌다고 볼 수도 있는 정치질서상(像)을 결코 놓지 않는 벌린의 모습에 왕전은 공감을 감추려고 하지 않는다. 그리고 거대한 오믈렛을 만들기 위하여 한 개의 달걀을 깨는 것을 주저하는 그러한 벌린적인 자유주의의 정신과 그 기저에서 공통적인 것을 왕전은 마루야마 속에서 찾는다. 마루야마를 이렇게 읽는 논자가 보면 모리와 같은 독법은 마루야마 정치학의 곡해가 될 것이다.

2
정치적 통합과 자유주의

모리와 같은 독법은 완전히 잘못된 것일까? 그렇지는 않다고 생각한다. 마루야마가 정치적 판단이나 정치적 사고법의 중요성, 또는 정치에서 결과에 관한 책임의 중요성을 역설해 온 것은 확실하다. 그리고 이러한 정치적 사유의 강조는 민주주의 사회에서 이론적으로는 전 시민에게 요구되는 것이지만, 우선적으로는 역시 정치가에게 요구되는 덕목이 될 것이다. '마루야마 정치학'이 리더십의 중요성을 강조한 것은 그런 의미에서는 결코 틀린 것이 아니다.[1]

더구나 단순히 리더십과 그것을 지탱하는 사고법이 문제였던 것은 아니었다. 나치 독일의 정치지도자와 비교했을 경우 일본 정치지도자의 정신적인 연약함을 지적한 글(丸山眞男, 1949)에서 흥미롭게도 마루야마는 메이지(明治) 일본에서의 '정치적 통합'의 결여까지도 동시에 문제 삼고 있었다. 마루야마는 메이지 국가를 '도착(倒錯)적인 민주주의'로 평가하면서 다음과 같이 말한다.

> 하극상이란 필경 익명의 무책임한 힘의 비합리적인 폭발이며, 그것은 아래로부터의 힘이 공적으로 조직화되지 않는 사회에서만 일어난다. 그것은 말하자면 도착된 민주주의이다. 진정으로 민주적인 권력은 공적 제도적으로 아래로부터 선출되고 있다는 프라이드를 가질 수 있는 한에서 오히려 강력한 정치지도성을 발휘한다. …… 요컨대 이러한 '관료정신'을 아무리 쌓아올려도 거기에서는 말 본래의 의미에서의 정치적 통합(political integration)은 나오지 않는다.(丸山眞

---

[1] 따라서 '마루야마 정치학'은 예를 들어 정권 여당의원에게도 감명을 주었다. "지금으로부터 10여 년 전 자민당 국회의원들의 부탁을 받고 독서회를 한 적이 있는데, 그 텍스트의 하나로 《충성과 반역(忠誠と反逆)》(丸山真男, 1998)을 사용한 경험이 있다. …… 읽는 동안에 그들의 감정이 이상하게 고조되었고, 그 중에는 목소리가 잠긴 듯한 사람도 나왔던 것을 선명하게 기억하고 있다. …… '정치의 정신'의 핵심은 자유의 현현(顯現)으로 정치를 자리매기는 한편, 그것에 수반되는 책임을 가혹하게 지는 것, 책임을 지는 이상 정치의 가능성과 한계를 끝까지 밝혀내는 정신적 작업이 전제된다. '정치는 후쿠자와(福澤)의 말을 빌리면 '나쁜 정도'가 조금이라도 적은 것을 선택한다(마루야마)'는 인식이 그 속에 포함된다."(佐々木毅, 2006).

男, 1949)

'진정으로 민주적인 권력'이야말로 '강력한 정치지도성'을 발휘하여 '정치적 통합'을 실현할 수 있다. 마루야마가 그렇게 생각하고 있는 것은 확실하다. 중요한 것은 이러한 정치적 사유나 정치적 통합의 중요성에 대한 강조는 아래에 보이는 것과 같은 '정치'관과 대응하고 있다는 점일 것이다.

> 난바라(南原) 선생님의 정치관과 나의 그것과는 기본적인 차이가 있습니다. 난바라 선생님에게서 정치는 정의(正義)이며 이것은 동서로 공통되어 있습니다. 정(政)은 정(正)이라는 《논어(論語)》〈안연(顏淵)〉편의 말은 선생님이 매우 좋아하는 것입니다. 나로서는 아무리 생각해도 느낌이 오지 않습니다. 정치라는 것으로 연상되는 것은 착취라든가 폭력이라든가 속인다든가 …… 작은 소책자(丸山眞男, 1952)에도 있습니다만, 정치의 고유한 영역은 없다는 사고방식입니다. 정치라는 것은 모든 인간 활동을 횡단하고 있는 것입니다. 교육이라든가 경제라든가 다양한 영역, 그 속에 있는 긴장이 어느 단계에 이르면 거기에 정치가 개입해 옵니다. 경제라든가 교육이라든가 다양한 인간 활동이 있는데, 그것과 나란히 정치의 고유한 영역이라는 것이 있는가 하면 그렇지 않습니다. 모든 인간 활동의 영역을 횡단하는 것으로서 정치는 존재한다는 그런 위치에 정치의 자리매김을 하자는 생

각이있고, 그러한 경향은 매우 강했습니다.(丸山眞男, 2006: 297~299)

'정치'에 그 자체로 고유의 가치를 인정하는 난바라 시게루(南原繁)에 대하여(政者正), 마루야마는 그러한 가치를 '정치'에 인정하려고 하지 않는다. 여기에 보이는 것은 말하자면, 마루야마의 가치중립적인 기술(技術)로서의 '정치'관, 목적 달성의 수단으로서의 '정치'관이라고 할 수 있을 것이다. 이러한 '정치'관을 가령 자유주의자의 그것이라고 부를 수 있다면, 마루야마는 자유주의자임에도 불구하고 정치적 사유나 정치적 통합의 중요성을 강조한 것이 아니라, 자유주의자이기 때문에 그것들의 중요성을 강조한 것이라고 할 수 있을 것이다. 즉 정치에 윤리적인 계기를 찾지 않고 정치 밖으로 확대되는 가치의 세계야말로 소중하다고 생각하기 때문에, 그러한 목적 달성의 수단으로서 정치가 중요하다는 것이 된다.

"정치에는 좋고 나쁨은 없다. 잘하거나 서투름이 있을 뿐이다."라는 이러한 '정치'관 그 자체로부터 목적과 수단 사이에 올바른 연관을 계속 유지하는 힘을 조달하는 것은 곤란할 것이다. 수단적인 가치밖에 없을 것 같은 권력이 정치 과정 속에서 그 자체가 목적으로 전화(轉化)되는 도착에 대해서는 마루야마 자신이 일찍이 소책자(丸山眞男, 1952)에서 지적하기도 하였다. 그리고 그러한 정치관은 양들의 무리처럼 신자들의 행복을 위하여 감히 자각적으로 반(反)그리스도가 되려고하는 대심문관(大審問官,《카라마조프의 형제(カラマーゾフの兄弟)》)의 이미지 — 마루야마는 이 삽화를 자주 이용하였다 — 와도 친화적일 것이다.

'정치'를 목적 달성의 기술로 축소하는 '마루야마 정치학'에는 실은 윤리적 아나키(anarchy)나 허무주의의 그늘이 엿보이지는 않는가? '마루야마 정치학'에 대한 이러한 비판은 후지와라 야스노부(藤原保信)를 비롯하여 넓은 의미에서 마루야마의 가르침을 받은 사람들, 예를 들어 가미시마 지로(神島二郎), 다카바타케 미치토시(高畠通敏)에 이르기까지 그 뿌리가 깊다. 그런 의미에서 첫머리에서 인용한 모리의 논의는 이렇게 보면 어떤 의미에서 '마루야마 정치학'에 대한 통설의 연장선상에 있는 지극히 정통적인 견해가 될 것이다.

3
레지티머시라는 시각

이러한 견해에는 물론 반론도 있다. 마쓰자와 히로아키(松澤弘陽)는 그의 저서(松澤弘陽, 2003)에서 '마루야마 정치학'의 본령은 '위로부터'의 권력적 조작으로서의 그것이 아니라, '아래로부터'의 '시민을 위한 아트(art)로서의 정치학'이라고 한다. 마쓰자와는 마루야마가 '현대'를 한편으로는 '정치' 영역의 확대와 침투라는 '정치화'의 시대로, 다른 한편으로는 테크놀로지의 고도화에 수반되는 '원자화'된 '비정치적 대중'이 출현한 시대로 파악하고 있었다고 본다. '정치화'와 '비정치화'가 동시에 진행되고, 그러한 조건하에서 형식적인 민주제가 독재로 전환되는 위험성에 대하여, 예를 들어 1952년 저서에서 마루야마가 제시한 처방전은 '민간의 자주적인 조직(voluntary organization)'의 '일상적 노력'이 퇴적되는 것이다(丸山眞男, 1952: 189~191). 비정치화와 그것을 뒤집은 것에 지나지 않는 과(過)정치화를 끊임없이 경계하고, 비일상적인 영위로서가 아니라 일상적이고 산문적인 영위로 '정치'를 파악하는 것. 그 중요성을 말하는 것이야말로 '마루야마 정치학'의 요체라고 한다.[2]

권력의 마성에 홀린 대심문관의 '정치'인가, 아니면 일상적이고 산문적인 그날그날의 영위로서의 '정치'인가. 각각의 '정치'관으로부터는 전혀 다른 '마루야마 정치학' 상(像)이 도출될 것 같이 보이기도 한다. 하지만 이 글의 관점에서 양자의 차이는 겉보기만큼 크지 않다고 할 수 있다. 그것은 '위로부터'인가 '아래로부터'인가의 차이를 문제 삼고 있는 것에 지나지 않는 것이며, 마쓰자와가 말하는 '시민을 위한 아트로서의 정치학'도 그 '정치'관은 결국 기술로서의 '정치'라고 할 수 있을 것이기 때문이다.

그렇다면 역시 '마루야마 정치학'에 대하여 적어도 거기에서는 '정치'가 기술적인 수단으로서의 가치밖에 없다고 여겨진다는 점에 대한 논쟁은 없는 것일까? 난바라 시게루가 말하는 것과 같이 '정치'에 고유의 가치를 인정하는 입장은 '마루야마 정치학'에는 전혀 포함되어 있지 않은 것일까?

필자는 이상과 같이 단언하는 데에는 망설이게 된다. 게다가 레지티머시(legitimacy, 합법성)라는 시각이 이 문제를 생각하는 데 얼마정도 도움을 주지 않을까 생각하고 있다. "'정치'에 고유의 가치를 인정하는가 하지 않는가?" 마루야마가 이 물음에 대하여 정면에서 긍정적으로 답한 적은 없다고 하더라도, 레지티머시의 문제로 마루야마가 논의한 것 중에는 단순히 기술적인 수단적 가치로서 '정치'로 환원할 수 없는 것이

---

[2] 苅部直(2006, 182) 참조.

포함된 것은 아니냐는 생각이 들기 때문이다.

이 점에서 참고가 되는 것은 역시《정치의 세계》(丸山眞男, 1952)이다. 이 저서의 큰 특색은 막스 베버가 말한 '지배의 세 유형'에 이의를 제기하고 있는 점이다. 마루야마는 여기에서 지배의 '정통성적 근거'의 유형에 초점을 맞추고, 특히 '인민에 의한 수권(授權)'을 '근대에서 가장 보편적인 정통성적 근거'라고 한다. 게다가 '합법적으로 근거하는 지배'라는 베버의 유형에 대해서는 '형식적 합법성(Legalitat)은 어디까지나 합법성이지 실질적인 정통성과는 다르다'고 하여 그 독자적인 유형으로서의 의의를 부정한다. 이러한 레지티머시에 대한 집착은 만년에 이르기까지 지속되었다. 예를 들어 다음과 같은 자료도 있다.

> 베버는 정치 관념에 대해서는 마르크스주의와 완전히 같습니다. 즉 수단적 가치로밖에 보지 않습니다. 국가론도 또한 그렇습니다. 마르크스주의와 다른 것은 국가는 영역 단체라고 말하고 있는 것입니다. 그것은 마르크스주의의 맹점을 제대로 찌르고 있습니다. 국가라는 것은 다른 곳으로 이사 갈 수 없다는 영역의 문제입니다. 슈미트는 그것을 가장 철저히 배웠습니다. 그렇지만 물리적 강제 수단의 정당성을 독점하고 있다는 베버의 국가 정의는 어떤 의미에서 마르크스와 같은 것입니다. 역시 난바라 선생님과는 서로 맞지 않습니다. 그것은 역시 베버가 경험과학으로 일관하려고 했다는 것에서 온다고 생각합니다. 경험과학으로 일관하려고 하면 아무래도 폭력의 정당성의 독점이라는 것을 떠나서 국

가라는 것의 특색을 규정할 수는 없지 않겠습니까? 그 밖에 모든 것들은 다른 사회단체도 공유하고 있지 않은가요? 그렇다면 '국가의 특색을 무엇으로 규정하는가'라고 한다면, 나는 좀 평범하지만 '정당한 폭력을 독점하고 있는 것'으로 생각합니다. 정당성이 있는 폭력을 떠나, 국가에만 있고 다른 단체에는 없는 특색이 있습니까?〈1988年 4月~1991年 5月 にかけて〉(丸山真男, 2006: 300~301)

이 인터뷰가 진행된 날짜를 통하여 알 수 있듯이, 이것은 마루야마의 만년에 해당하는 것이다. 그러나 만년이 됨에 따라 레지티머시에 대한 마루야마의 집착은 오히려 깊어만 간다. 예를 들어 본 이 글에서는 자세히 다루지 못했던 '정통과 이단' 연구회에서도 논의의 초점은 '이단'에서 오소독시(orthodoxy, 정통성)로, 오소독시에서 레지티머시로 바뀌어 갔다.[3]

이런 변화가 왜 일어났는가? 아직까지는 잘모르겠다. 한가지 가능성은 앞에서 언급한 '마루야마 정치학'에 밀려든 비판을 마루야마 자신이 의식하고 있었을지도 모른다는 것이다. 더 나아가서는 이러한 비판이 동시대 정치학에서의 규범 이론의 복권(復權)이라는 조류를 타는 것이었던 점도 크지 않았을까? 앞에서 언급한 후지와라 야스노부의 마루야

---

[3] 다시 활성화된 연구회에서는 마루야마의 관심에 미묘한 변화가 보였던 것 같다. 첫째로는 'L(Legitimacy)정통'의 비중 증대이다. 이것을 반대로 말하면 'O(Orthodoxy)정통'의 비중 저하라는 것이 된다. 둘째로는 O정통보다도 이단에 대한 관심의 증대이다. …… 이것에 관하여 주목해야 할 점은 마루야마가 이 무렵 '정통과 이단'보다도 '정통성과 합법성(이 경우는 말할 것도 없이 O정통이 아니라 L정통이다)'의 문제에 더욱 강한 관심을 보였다는 점이다. 왜 그러한 관심의 이행이 일어났는지에 대해서는 내 추측에 의존할 수 밖에 없지만, 이 당시부터 패전 전후의 역사적 연속성을 주장하는 논조가 보이게 되었던 것이 관련된 것 같다."(石田雄, 1998; 石田雄, 2005: 65~66).

마 비판은 존 롤즈(John Rawls)로 시작되는 북미의 정치이론을 비교·대조하고 있다. 이러한 규범적인 정치이론의 조류는 연구회 내부에서는 예를 들어 마쓰자와 히로아키에 의하여 셸던 월린(Sheldon S. Wolin)이나 버나드 크릭(Bernard R. Crick)을 비교·대조하는 형태로 소개되고 있다.

4
일본국 헌법과 레지티머시

하지만 가장 영향력이 컸던 것은 동시대 일본에서 고조되었던 '패전 전후의 역사적 연속성을 주장하는 논조(石田雄)'에 대한 의식이 아니었을까? 에토 준(江藤淳)의 일련의 점령 법제 연구나 나가오 류이치(長尾龍一)의 저서(長尾龍一, 1981)에 의한 미야자와 도시요시(宮澤俊義)의 '8월 혁명설(八月革命說)' 재검토의 움직임과 같은 것이 그것이다.

1980년대의 '정통과 이단' 연구회에 관한 미공개 사료(史料)에서 마루야마는 미야자와의 '8월 혁명설(회고담에 의하면 이것은 마루야마의 관여도 상당히 크다)'에 따르면서 전후 일본에서는 신칙(神勅)적 정통성에서 인민 주권적 정통으로의 '혁명'이 일어났다는 입장을 역설하고 있다. 그러한 입장은 그 입론의 전제로서 메이지 헌법의 해석론으로서는 미노베 다쓰키치(美濃部達吉)의 천황기관설(天皇機關說)보다도 우에스기 신키치(上杉愼吉)의 천황주권설(天皇主權說)을 채용한다. 주권은 군주나 인민 중 어느 한 쪽에 있는 것이지 그 어느 쪽도 아닌 법인으로서의 국가에 있다는 천황기관설은 독일 국가학(國家學)의 법기술(法技術)에 의한 분식(粉

節)에 지나지 않는다. 그런데 헌법전(憲法典)은 설령 개헌 규정을 갖추고 있다 하더라도 헌법전의 본질에 관계되는 규정에 대해서는, 말하자면 설계사상(設計思想)의 근간에 관계되는 문제에 대해서는 개헌할 수 없다. 이 개헌 조항에 의해서는 개헌할 수 없는 부분이 바로 레지티머시로서, 주권의 소재는 그 전형이다. 따라서 군주 주권인 메이지 헌법은 합법적으로는 인민 주권으로 개헌할 수 없다. 이것은 정통성의 차원에서, 즉 신칙적 정통성에서 인민 주권적 정통성으로 '혁명'이 일어났다고 해석하지 않을 수 없다. 마루야마는 기본적으로는 그렇게 생각한다.

여기에서 마루야마가 제시하는 것은 역시 카를 슈미트(Carl Schmitt)이다. 정통성을 합법성으로 환원하려고 하는 켈젠(Hans Kelsen)에 대하여 정통성과 합법성의 차원을 엄격히 구별하는 슈미트의 논의에 마루야마는 공감을 감추지 않는다. 다만 그 정통성적 근거에 대하여 슈미트의 논의는 결국 국민의 정치적 실존이나 순수한 힘에 귀착시키지 않을 수 없다고 하여 마루야마는 이것을 물리친다. 정통성을 당위로 환원하는 켈젠도, 정통성을 사실(실존)로 환원하는 슈미트도 모두 물리치고 나서 마루야마가 다시 채택하는 것은 존재 즉 당위, 규범적인 사실[사실의 규범력(規範力)이라는 표현을 쓰는 경우도 있다]을 정통성의 근거로 찾는 헤르만 헬러(Hermann Heller)의 논의이다.

그러나 이것은 어떤 의미에서 마루야마에게는 막다른 골목이었던 것처럼 보이기도 한다. 전후 헌법의 인민 주권적 정통성의 타당한 근거를, 말하자면 사회적 관습에서 구한다면 '인민 주권적 정통성'의 이념이 전후 일본에 사실(존재, 즉 당위)로서 정착해 있을 필요가 있다. 하지만 마루야마도 인정하듯이 전후 일본 헌법의 근본적인 설계사상 중 '사실의 규범력'을 가질 수 있을 정도로까지 정착하였던 것은 소유권의 절대성이지 '인민 주권'이 아니었기 때문이다. 그렇다면 '인민 주권'의 정통성적 근거는 결국 어디에서 구할 수 있는 것인가? 마루야마는 직접 답을 내놓고 있지는 않은 것 같다.

어쨌든 마루야마는 만년에 이르기까지 권력의 레지티머시를 둘러싼 스스로의 정치학을 구상하고 있었으며, 그것이 동시대의 일본 체제(regime)에 대한 평가와 밀접히 결부되었다는 것은 수긍할 만하다. 그리고 그것이 과연 마루야마에게서 '정치'의 의미나 위상 그 자체의 변경을 수반하는 것이었는지의 여부는 이후의 연구를 기약하고자 한다.

참고문헌

森政稔. 2012. 〈獨裁の誘惑―戰後政治學とポピュリズムのあいだ〉. 《現代思想》5月号. 東京: 青土社.
王前. 2011. 《中國が読んだ現代思想》. 東京: 講談社.
丸山真男. 1949. 〈軍國支配者の精神形態〉. 《潮流》5月号. 東京: 潮流社.
佐々木毅. 2006. 〈丸山眞男における「政治の精神」〉. 《思想》988. 東京: 岩波書店.
丸山真男. 1952. 《政治の世界》. 東京: 御茶の水書房.
松澤弘陽. 2003. 《政治學講義》. 東京: 国際基督教大学 出版部.
松澤弘陽. 2006. 《丸山眞男回顧談》下. 東京: 岩波書店.
苅部直. 2006. 《丸山眞男―リベラリストの肖像》. 東京: 岩波書店.
石田雄. 1998. 〈『正統と異端』はなぜ未完に終わったのか〉. 《みすず》9・10月号. 東京: みすず書房.
石田雄. 2005. 《丸山眞男との對話》. 東京: みすず書房.
長尾龍一. 1981. 《日本法思想史研究》. 東京: 創文社.

제5장

'사상 없는 사상'과 마루야마 마사오의 [사상]
– 마루야마 마사오에 대한 비판의 비판적 재검토 –*

노병호(한국외국어대학교)

1
머리말

마루야마 마사오(丸山眞男)는 1946년 9월의 시미즈 이쿠타로(淸水幾太郎)를 시미즈의 비유를 통해 회고하고 있다. 시미즈의 비유란 "장거리 육상경기에서 꼴찌가 일등인 주자보다 한 바퀴 더 늦게 들어 왔음에도 불구하고 관중들의 시선에서 보면 누가 일등인지 구분하기 어렵다."[1]라는 내용이다. 이 경기에서 일등이 누구이고 무엇인지를 특정하기가 그렇게 용이하지는 않지만, 꼴등이 표상하는 것은 '근대'와 정면에서 대면하고, 격투하여, 이를 체화할 수 없었던 이른바 '초국가주의자' 혹은 '근

---
* 이 글은 추가된 2절의 1)을 제외하고 동일한 제목으로 한국일본사상사학회의 학술지 〈日本思想〉 제26호, 2014년 6월 30일에 전재되었음을 밝힙니다.
1 松沢弘陽&植手通有(2006: 85) 참조.

대의 초극론' 혹은 '전전의 일본' 그 자체가 아닐까 생각된다. 물론 일등
인 주자 혹은 '근대'가 주체의 면에서도, 내용의 면에서도, 방향이라는
측면에서도 여전히 파악하기가 쉬운 것이 아니라 할지라도, 적어도 초
(超)라는 접두어에 대해서 대자적인 존재라는 점은 부인할 수 없을 것
같다.

여기서 '초'는 super 혹은 ultra로 번역할 수 있는데 이 '초'로 인해 파
생된 수 많은 문제를 극복하기 위하여 전후에 구체화한 사상을 추출하
는 것도 그리 어려운 일은 아닌 것처럼 보인다.

이렇게 전후의 원점을 이른바 '전후'라는 사상에 고정시켜 둔다면, 이
를 극복하기 위한 사상적인 격투는 주로 1960년의 안보투쟁 이후에 시
작되었다고 말할 수 있다. 물론 전학련(全学連) 주류파에 의해 주도된 학
생운동 자체에서도 '반전후'적인 성격을 찾을 수 있지만, '직접적'이고
'현실적'으로 '투쟁'을 통해서 '전후'의 상대화를 실행에 옮긴 시점은 역시
1960년의 안보투쟁 및 1960년대 중반 이후의 일련의 사건에서 찾아야
할 것으로 생각한다.

그런데 1960년 이후 일본의 사상은 몇가지 경향으로 압축될 수 있을
것 같다. 먼저 1960년대 중후반에 본격적으로 활동을 개시하였으며 트
로츠키 사상의 부의 측면(행동성과 폭력성)을 계승한 전공투(全共鬪)의 투
쟁이다. 전공투는 1960년대 말 일본의 대학과 사회에서 흑백영상의 다
큐멘터리적인 이미지를 독점하고, 일본의 전후사상에 큰 방점을 찍었
다. 또다른 흐름으로 포스트모더니즘의 대두를 들 수 있다. 이 글에서
간접적으로 소개할 수 밖에 없는 포스트모더니즘은, 학문적으로는 주
로 유럽에서 시작되었지만, 이와 유사한 경향이 일본의 전후사상에서

도 대두하기 시작하여 서서히 일본의 사상계를 물들인 것이다. 이러한 맥락의 정점에 이 복잡한 사상을 상징하는 참으로 난해한 인물 요시모토 다카아키(吉本隆明)가 있다.

전공투와 요시모토의 공통점은 대상으로서의 '전후' 혹은 '근대' 등을 비판했다는 점이다. 즉 근대로 표상되는 전후의 사상 혹은 일본의 사상을 비판함으로써, 그들의 눈에 신기루처럼 비친 '전후'에 메스를 들이대려 하였다.

이와 관련하여 현대 일본사상의 '전후' 비판의 구조가 '근대의 초극론'과 매우 닮았다는 것을 절감하게 되었다. 전전 근대 비판의 결과가 일본의 역사적 현실에 대한 옹호로 귀결되었던 것처럼, 전후 '근대'를 비판한 후 남겨진 니힐리즘(nihilism, 허무주의)적인 회색빛의 분위기는 구체적이고, 감각적이며, 직접적이고, 경험이 가능한 무언가를 갈구하게 한다는 점에서 그러하다. 현대 일본사상의 이러한 논리는 구조적으로 '근대의 초극론'을 비판한 시미즈 이쿠타로의 전향의 궤적과도 구조적으로 매우 유사하다. 물론 마루야마 마사오의 사상의 궤적도 일관된 것이었다고 말할 수 없지만, 시미즈 이쿠타로가 보수화되어 가는 궤적과 논리는 전공투, 요시모토 다카아키, 포스트모더니즘의 경우에도 크게 다르지는 않은 것 같다.

이 글은 이러한 구조를 주로 1969년 마루야마 마사오를 '봉쇄했던' 사상을 중심으로 비판적으로 검토해 보려한다. 즉 마루야마적인 영구혁명의 현실성을 다시 생각해 보려는 것이다.

2
동경대 전공투와 마루야마 마사오

1) 전사로서의 3파 전학련의 '투쟁'

1960년의 안보투쟁이 종식된 후 3년째인 1963년 4월 '혁공동(革共同, 革命的共産主義者同盟)'[2]은 혁명당의 건설을 우선시하는 '혁마르파(革マル派, 革命的マルクス主義派)'와 대중투쟁을 중시하는 '중핵파(中核派·前進派, 革命的共産主義者同盟全国委員会)'로 분열한다. 혁공동의 학생조직인 '마르학동(マル学同, 日本マルクス主義学生同盟)'도 양파로 나뉜다. '일본트로츠키스트연맹(日本トロッキスト聯盟)'을 계승하는 '제4인터(第四インターナショナル)'의 일본지부를 1965년 3월 국제조직인 '통일서기국(파리에 소재)'이 정식으로 승인하게 되자 제4인터도 점차 주목의 대상이 된다. 1960년 안보투쟁의 주역이었던 '분트'가 해체된 이후 이처럼 혁공동의 주류가 중핵파와 혁마르파로 양분됨으로써 학생조직의 혼란이 계속된다.[3]

'전학련'은 1964년 말까지 혁마르파가 독점한다. 하지만 공산당·민청(民青, 日本民主青年同盟)계가 '평민학련(平民学連, 平和と民主主義を守る全国学生連絡会議)'을 중심으로 하여 '전국대학자치회'의 재조직화에 착수해 1964년에 전학련을 재건하였다.

1966년 9월에는 분열과 항쟁을 계속하던 분트, '마르전파(マル戦派, 共産主義者同盟マルクス主義戦線派)', '통일파(統一委員会)'가 합류하여 '제2차

---

2 '일본트로츠키스트연맹'을 전신으로 하여 1957년 결성된 신좌익의 당파로 '공산주의자동맹(분트 혹은 共産同, 共産主義者同盟)'과 대립하였다.
3 이 절의 내용은 특별한 언급이 없는 한 주로 다카기 마사유키(高木正幸)의 저서(1985) 6장에서 빌려왔음을 밝혀둔다.

분트'가 결성된다. 1966년 12월에는 중핵파와 분트의 학생조직인 '사학동(社学同, 社会主義学生同盟)', 그리고 '사청동해방파(社青同解放派, 日本社会主義青年同盟解放派)'에 의해 '3파 전학련(3派全学連)'이 결성되었다. 3파 전학련의 주도권은 중핵파가 잡는다. 사청동 해방파는 사청동 내부의 급진주의자들이 1965년 3월에 결성한 것으로서, 정치조직으로 '혁노협(革労協, 革命的労働者協議会)', 학생조직으로는 '반제학평(反帝学生評議会)', 노동자 조직으로는 '반전청년위원회(反戦青年委員会)'를 결성하였다.

1965년 이후 베트남 전쟁이 격화되고 한일기본조약을 맺게 되는 등 복잡한 국내외 정세와 함께, 위 3개의 전학련[4]은 후술하는 것처럼, 스나가와 투쟁(砂川闘争), 하네다 투쟁(羽田闘争), 사세보 투쟁(佐世保闘争) 등 일련의 사건을 주도한다. 동시에 각 대학에서는 격렬한 학원투쟁이 발생하였다. 이때의 학원투쟁으로는 게이오대, 와세다대, 요코하마 국립대 투쟁 등이 있다. 일련의 대학투쟁 중 1965년 12월부터 150여일에 걸쳐 발생한 와세다대 투쟁은 전공투 운동의 선구라고 말할 수 있다.

위에 언급한 일련의 투쟁 중 가장 먼저 시작된 것은 제2차 스나가와 투쟁이었다. 새로이 결성된 전투적 학생조직 3파 전학련은 스나가와 기지 확장 반대투쟁을 통해 첫 발을 내디뎠다. 1967년 5월 28일 현지의 '반대동맹'을 포함하여, 3파 전학련, 반전청년위원회 등 약 3천 명의 그룹이 집회를 개최하였고, 3만 명의 공산당계 그룹, 250인의 혁마르파 전학련에 의한 현지집회도 동시에 개최되었다.

제1차 하네다투쟁은 1967년 10월 8일 사토수상이 베트남을 방문하

---

[4] 3개의 전학련과 3파 전학련은 다르다. '3파 전학련'이 하나의 조직성을 갖는 것이라면, 3개의 전학련은 혁마르파전학련, 3파 전학련, 민청계 전학련이라는 3개의 계열을 지칭하는 것 같다.

려 할 때에 발생하였다. 3파 전학련 등 각파는 하네다에서 사토수상의 베트남 방문을 전력으로 저지하려 하였다. 이 과정에서 교토대학의 학생 야마자키 히로아키(山崎博昭)가 사망하는 불상사도 발생하였다. 하지만 이에 대한 반응은 1960년 안보투쟁 당시 동경대학 문학부의 간바 미치코(樺美智子)가 사망한 때와는 달라서 사회적으로 많은 관심을 끌지는 못하였다. 한편 11월 12일 제2차 하네다 투쟁이 시작된다. 3파 전학련 및 반중핵파연합(反中核派連合)도 참가하였다.

3파 전학련 등 학생당파의 하네다 투쟁은 '혁명적 좌익의 탄생'으로서 하나의 전환점이라고 말할 수 있다. 그 이유는 다음과 같다. 먼저 학생이 기성의 좌익이나 노동자로부터 독립하여 독자적인 '혁명적 좌익'의 길을 걸었다는 점이며, 누번째는 돌과 각목 등 투쟁의 '무기'를 처음부터 준비한 후 폭력혁명을 외치며 '무장'과 '군사'를 실천에 옮겼다는 점이다. 물론 이러한 무장은 3파 대 혁마르파, 3파 전학련 내의 중핵파 대 반중핵파 그룹의 '우치게바(内ゲバ, 학생 운동에서 의견이 다른 각파 간의 폭력 항쟁)'에 대비한 것이라는 의미도 있었다.

사세보 엔프라 저지투쟁(佐世保エンプラ阻止闘争)은 미 원자력 항공모함이 사세보에 기항한다는 소식을 접하자 중핵파를 중심으로 한 3파 전학련이 1967년 12월 12일 기항반대운동을 개시한 것에서 시작되었다. 기항은 1968년 1월 17일로 예정되었는데 당시 현지로 향하는 신좌익 그룹과 기동대 사이에서 격렬한 충돌이 연이어 발생하였다.

하네다투쟁, 사세보투쟁에 뒤이어 지바 현(縣) 산리즈카(三里塚)에 나리타(成田) 신동경국제공항 건설을 반대하는 투쟁이 벌어졌다.[5] 결국

---

[5] 이를 산리즈카 투쟁 혹은 나리타 투쟁이라고 부른다. 그러나 가루베 다다시(苅部直)는 산리즈카 투쟁이라 부

1966년 7월 산리즈카에 신공항을 건설하려는 계획이 확정되자 이에 대한 격렬한 반대투쟁이 전개된 것이다. 3파 전학련은 신공항을 일본제국주의의 정치적·군사적 재편을 위한 군사공항으로 간주하여, 1968년 2월 26일 '반대동맹'과 3파 전학련에 의해 공투집회를 거행하였다. 산리즈카 투쟁은 처음에는 공산당과 사회당에 의해 지지·지도되었지만, 반대동맹이 3파 전학련 및 반전청년위원회 등과 가까워짐에 따라 공산당은 이들을 '트로츠키스트'로 비판한 후 반대동맹에서 이탈하였다. 사회당도 점차 소극적인 입장을 취한다.

1968년 2월 27일에는 오우지(王子)의 미군병원에 반대하는 투쟁이 있었다. 반전청년위원회가 주최하는 총궐기집회를 시작으로 지역적인 투쟁에 신좌익세력이 적극적으로 가담함으로써 투쟁은 점차 격화되어 갔다. 동년 4월 28일 오키나와데이 투쟁도 시작되었다.

1968년 10월 21일의 국제 반전데이 투쟁에는 중핵파, 분트, ML파(共産主義者同盟マルクス・レーニン主義派), 제4인터, 사노동(社会主義労働者同盟) 이 다섯 개의 정파가 총궐기 성명을 발표하였다. 여기에 기타의 신좌익그룹 및 각 대학의 전공투도 가세하여 29단체 공동성명이라는 형식을 띠게 된다.

이 국제 반전데이 투쟁의 동경 투쟁에서는 분트와 사학동 계열에 의한 방위청 공격, 혁마르·구조개혁파·해방파 계열에 의한 국회투쟁, 중핵·ML파·제4인터에 의한 신주쿠 투쟁이 동시다발적으로 전개되었다. 하지만 국제 반전데이 투쟁의 산발성은 3파 전학련의 분열을 상징하는 것이었다. 즉 1966년 12월에 결성된 중핵·사학동·사청동해

르는 것이 그 지역에 사는 주민들의 정서와 부합한다고 한다.

방파에 의한 3파 전학련은 하네다 투쟁 이후 내부적 모순에 직면하여 대립이 점차 표면화되었고, 1968년 7월 결국 분열하였다. 분트는 국제반전데이 투쟁 당시 일본의 군사·외교노선에 대한 공격을 중심으로 하였고, 해방파·혁마르파·구조개혁파는 반전·반정부 투쟁에 초점을 맞추었으며, 중핵파·ML파·제4인터 등은 베트남 반전에 집중하여 미군 탱크 수송차의 실력 저지라는 투쟁에 집중하고 있었던 것도 이러한 분열을 반증한다.

이와 관련하여 1968년 6월 15일 히비야 야외음악당에서 개최된 '베트남 반전 청년학생 총결기집회'에서는 중핵파와 혁마르파·해방파연합에 의한 난투사건이 발생하였다. 이 사건으로 전국반전은 완전히 분열하였고, 3파 선학련도 실질적으로 해체하게 되었다. 이어 7월의 3파 전학련 대회를 계기로 중핵파는 '중핵파전학련'으로 독립하게 되었고, 반중핵파연합(사학동·ML파·사청동해방파·제4인터)은 '반제전학련'을 발족시켰다. 반제전학련의 내부에서도 사학동과 해방파의 대립이 표면화되어, 해방파는 1969년 7월 독자적인 전학련을 결성하게 된다. 결국 3파 전학련은 결성 1년 7개월만에 와해되었으며, 공산당·민청계, 중핵파, 혁마르파, 해방파 이 4개의 전학련 시대에 돌입하였다.

2) 전공투와 '자기부정'

1960년의 안보투쟁을 주도한 분트 전학련, 3파 전학련을 중심으로 한 1967년 이후의 스나가와·하네다·사세보·오지 등 베트남 전쟁을 둘러싼 일련의 반전투쟁을 거쳐, 학생운동은 1968년 후반부터 1969년에 걸쳐 폭발적인 고양기를 맞이하게 된다. 이른바 '전공투(全共鬪, 全学

共鬪会議)'의 시대가 전개되는 것이다.[6]

전공투에 대하여 다카기 마사유키는, 1968년 후반부터 1969년까지라는 시대성, '반역' 혹은 '반란'이라는 용어가 적합할 만큼 투쟁의 규모와 확산이 크고 넓다는 점, 투쟁의 형태의 다양성, 이전까지의 학생운동이 '정치적'이었다면 전공투는 '정신적'·'정념적'·'문화적'이었다는 점, 그 복잡성, 각 대학단위에서 동시다발적으로 발생하였다는 점을 들어, 1948년에 결성된 전학련 투쟁, 분트 주도의 전학련에 의한 1960년 안보투쟁과는 질적으로 다르다는 입장을 취하고 있다(高木正幸, 1985). 고사카 슈헤이(小阪修平)도 다카기 마사유키와 같은 입장을 취한다. 고사카는 동경대학의 전공투 의장으로 야마모토 요시타카(山本義隆) 및 니혼대학의 전공투 의장으로 아키타 아키히로(秋田明大)와 같은 지도자가 있기는 하였지만, 이는 어디까지나 '상징적'일 뿐이며, 지도자가 명령을 내리거나 한 것이 아니라 그 조직 자체의 군생생물(群生生物)의 일부에 불과하다는 점을 들어 '지도자'의 역할과 기능에 부정적인 입장을 취하고 있다. 또한 전공투는 투쟁목표와 연락회의가 있을 뿐 구성멤버가 누구인지도 명확하지 않고, 자신이 전공투라고 생각하고 행동에 참가하면 그걸로 전공투가 되기 때문에 언제 전공투에 참여하고 언제 그만두게 될지도 명확하지 않다고 말하고 있다(小阪修平, 2006: 49~50).

전공투에 대한 일면 명확할 것 같은 개념규정에도 불구하고, 전공투의 성격을 논하는 것은 그리 쉽지 않다. 또한 전공투와 분트 및 3파 전학련 등 각 정파의 조직적·사상적인 차이를 구분한다는 것도 그리 용

---

[6] 이 절의 역사적 사실과 평가에 대해서도, 특별한 언급이 없는 다카기 마사유키의 저서(1985)의 7장에서 빌려왔음을 밝혀둔다.

이한 과제가 아니다. 전후 일본의 '신좌익' 계열의 연장선상에서 전공투를 본다면 그 사상적인 유사성에 주목하지 않을 수 없고(필자 또한 이를 엄격히 구분한다는 것이 그리 쉽지 않다는 점을 고백하지 않을 수 없다), 후술하는 것처럼 전공투 운동에 각 학생당파가 거의 행동을 같이하고 있는 점에서 생각해보면 구분의 난해함은 더욱 가중될 것이다. 더구나 '자기부정(自己否定)'이라는 말을 중시하고, 이를 조직 내외의 '게바르트(폭력)'에 연결하는 구조와 논리(荒岱介, 2008) 자체는 전공투 이외 신좌익 전체에 공유되는 특징이라는 점을 고려한다면, 이들 간의 구별이 큰 의미가 있다고 말할 수도 없을 것이다. 또한 이른바 '전후'에 대한 부정적·저항적 성격을 고려하면 더욱 그러하다.

물론 전공투 세대는 자신들의 '투쟁'에 좀더 적극적인 의미를 부여하여 그 이전과 그 이후의 신좌익운동 및 학생운동과 구별하려는 경향이 있기는 하다.

어쨌든 1968년 말 이후 전공투에 의한 대학투쟁 및 대중적 학생운동이 폭발적 단계를 맞이하게 된다. 교사(校舍)가 바리케이드에 의해 봉쇄되고, 헬멧을 쓰고 수건과 마스크를 뒤집어 쓴 학생들이 무리짓는 장면이 전국의 대학에서 일상적인 풍경이 되어간다. 커다란 입간판의 행렬, 교사에 페인트로 크게 쓰인 슬로건, 니혼대학 학생들의 데모·연좌 및 동경대의 야스다 강당(安田講堂)에서 기동대와 전공투가 공방전을 벌이는 모습 등.

전공투 운동의 직접적인 계기는 니혼대학(日本大学)의 학원민주화투쟁에서 찾을 수 있다(昭和史研究会, 1984: 639). 1968년 5월 27일 니혼대학에서 전학공투회의가 열려, 학원 민주화·전 이사의 총퇴진·경리(経

理)의 공개 등 다섯 항목의 요구를 결정하였다. 같은 해 4월 2일 동경국 세국(東京国税局)은 니혼대학이 20억 엔을 탈세했다는 혐의를 확인하였다. 이에 학생들은 학교당국에 저항을 본격화하여 집회와 데모가 끊일 날이 없었다. 공투회의는 체육계 학생들과 충돌을 계속하였지만, 일반 학생들의 지지를 얻었다. 이들은 8월 말까지 대학본부와 8학부의 교사를 점거하여 대학 측에 교섭을 요구하였다. 이에 대해 9월 4일 기동대가 개입하여 점거학생을 배제한 후 132명의 학생을 체포하였다. 이러한 와중에 기동대의 순사부장이 투석으로 사망하는 사건도 발생하였다.

한편 동경대학은 등록의 제도 및 인턴제 등의 학부연구교육의 개혁 문제, 구체적으로는 졸업연수 실시를 둘러싸고, 교수회·병원 측과 학생자치회·청의연(青医連) 사이의 갈등이 1968년 2월 19일부터 첨예화됨으로써 본격화되었다. 6월 15일 의학부 학생들이 야스다 강당을 점거하였고, 17일에 기동대가 투입되었다. 결국, 이 기동대 투입이 의학부 이외의 학생을 자극하여, 각 학부자치회가 일제히 무기한 파업에 들어가 학교의 기능이 마비되었다.

6월 28일 오코우치 가즈오(大河内一男) 총장과 학생대표의 회견이 이루어졌지만, 총장은 학생들의 야유 속에서 퇴장해야 하였다. 7월 2일 학생 측은 야스다 강당을 다시 점거한 후 학교 측에 7개 항목의 요구를 제시하였다. 10월 12일 전공투 측은 전학 무기한 파업에 돌입하였으며, 11월 1일 오코우치 총장을 비롯한 전 학부장과 평의원이 책임을 지고 사임하게 된다. 이에 가토 이치로(加藤一郎) 법학부 교수를 총장대행으로 하는 신집행부가 발족하였다. 그 직후인 11월 4일 하야시 겐타로(林健太郎) 문학부장 등이 문학부 학생과의 단교(団交)로 1주일간에 걸쳐

구금되는 사건이 발생하였다. 이에 대하여 교사 봉쇄전술 등의 급진적인 투쟁에 반대하는 공산당·민청계 학생들과의 대립이 표면화되었으며, 11월 12일 전공투와 민청계의 학생들 사이에 충돌사건이 발생하기도 하였다. 11월 23일 전공투 측은 약 1만 명의 학생들을 모아 '동대·니혼대 투쟁승리, 전국 학원 투쟁승리 총결기집회'를 개최하게 된다. 대학 측의 양보에도 불구하고 사태가 수습되지 않자, 가토 총장대리는 12월 29일 동경대학의 1969년도 입시를 중지하기로 결정한다. 1969년 1월 18일 대학 측의 요청으로 8천 5백여 명의 기동대가 투입되어 동경대학의 교사봉쇄는 점차 해제되어 간다.

 동경대와 니혼대를 정점으로 하는 전공투운동은 그때까지의 학생운동이 의거하고 있던 당파와 '자치회'라는 핵을 갖지 않은 논섹트(non-sect) 학생들에 의한 이른바 자연발생적인 대중투쟁조직이었다. 학생들은 전후 학생운동의 핵이었던 자치회에 대한 신뢰감을 거두었다. 이는 기성의 혁신·반체제운동 조직은 더 이상 체제비판과 저항운동의 기반이 될 수 없다는 인식과 관련되어 있다. 다수결의 원리에 근거한 전원가맹제 자치회 조직 및 그 운영상에 나타나는 형식적 민주주의에 대한 반발 혹은 직접참가와 행동을 촉구하는 민주주의적 조직의 결성이라고도 말할 수 있다. 당리당략과 종파적 성격이 강한 당파의 자치회 계열에 대한 반발도 기성자치회의 신뢰감 상실에 한층 박차를 가하는 원인이 되었다. 비판의 대상이 된 자치회를 대신하여 클래스와 서클의 투쟁위원회가 투쟁의 핵으로 등장하게 되었다. 이들이 가장 자주 입에 담았던 말이 바로 '자기부정'·'자기변혁'이었다.

 한편 1969년 5월 13일(화요일) 동경대학 교양학부 900번 교실에서는 미시마 유키오(三島由紀夫)와 동경대학 전공투 사이에서 토론회가 벌어지는데, 이 토론회는 극좌와 극우의 만남이라는 점에서, 혹은 둘 사이의 공통점을 생각하게 한다는 측면에서 상징적인 사건이었다.

전공투는 명확한 강령과 일관된 지도이념을 갖지 않았으며, 정념적인 에너지의 행동성을 기반으로 하였기 때문에, 조직 혹은 제도라는 면에서 약점이 있었다. 1969년 9월 5일 동경의 히비야 야외음악당에서 동경대, 니혼대, 교토대 등 전국 178개 대학의 전공투와 중핵파를 중심으로 한 8당파 학생조직 약 2만 6천명이 모여 '전국전공투연합' 결성대회를 거행하였지만, 전공투연합의 결성에 중핵파 등 당파의 영향력이 강하게 작용하여 결국 당파색이 선명하게 되었고, 이에 따라 일반학생들의 이반도 증가하였다. 또한 강제조치의 증대와 당파 간의 우치게바가 확산함에 따라 일반학생들의 이탈은 더욱 가속화 되었다. 결국 학생운동은 당파전학련으로 흡수·재편되었고 신좌익 과격파인 '적군파'의 등장을 초래하게 된다.

1969년 10월 10일에도 '베헤이렌(ベ平連, ベトナムに平和を！市民連合)'을 중심으로 한 논섹트 학생조직인 전국전공투연합, 반전청년위원회, 혁마르파, 사학동적군파, ML파 등에 의한 실행위원회가 결성되어 공투의 궐기를 촉구하였다. 그러나 이후 이들 간의 통일행동은 다시는 열리지 않게 되었다(昭和史硏究会遍, 1984: 656).

신좌익 각 파 및 전공투의 투쟁이 소강상태에 들어가는 와중에 적군파(赤軍派, 共産主義者同盟赤軍派)에 의한 여러 사건이 발생하게 된다.[7] 먼

---

[7] 무장과 폭력을 중시하며, 스탈린 비판을 통해 자연성장적으로 탄생한 신좌익이다. 스탈린의 일국사회주의, 평화공존(냉전을 포함) 노선을 비판하며 트로츠키적인 세계 혁명·폭력 혁명을 채용하였다는 시각이 있다(絓秀實, 2006: 155). 이러한 지적은 많은 부분을 설명하지만 '트로츠키에 대한 코미트먼트'가 '시대와 국가에 따라

저 1969년 11월 5일 '대보살고개사건(大菩薩峠事件)'을 들 수 있다. 이는 군사훈련 중이던 적군파의 구성원 53명이 체포된 사건이다. 1970년 3월 31일에는 9명의 적군파에 의한 비행기 납치사건(요도호 하이재킹 사건, よど号ハイジャック事件)[8]이 발생하게 된다. 1972년 2월 19일에서 2월 28일에 걸쳐서는 연합적군 내부의 린치·살인사건인 '아사마 산장사건(浅間山荘事件)'이 발생하게 되는데, 연합적군은 2명의 탈주자를 린치·살인하고, 12명에 대해서도 마찬가지로 살해하였다. 1972년 5월 30일 적군파 3명이 이스라엘의 텔아비브공항에서 총기를 난사하여 24명이 사망하고 적군파 2명도 사살되는 '텔아비브 총기 난사사건(テルアビブ空港乱射事件)'도 적군파와 관계된 사건이다.

적군파 및 연합적군파의 등장과 동시에 우치게바에 의한 살해사건도 점차 첨예화한다. 1970년 8월 4일 혁마르파의 에비하라 토시오(海老原俊夫)가 중핵파에 살해된 것을 시작으로, 중핵파에 의한 혁마르파 살해 43명, 해방파에 의한 혁마르파 살해 23명, 혁마르파에 의한 중핵파·해방파 살해 14명, 기타 1명 등 총 80명이 살해되는 사건이 발생하게 되는 것이다. 해방파의 분열에 따른 분파투쟁을 덧붙인다면 1969년에서 2001년까지 우치게바에 의한 사망자수는 총 113명에 달한다(高木正幸, 1985: 116). 미시마 유키오(三島由紀夫)는 1970년 11월 25일 할복자살하였다.

이처럼 일상화된 폭력적 성향은 점차 확대일로를 걷게 된다. 전쟁과

동일할까?'라는 의문에 대한 해답이 되지는 못한다. 따라서 당시 일본의 상황과 1970년대 전후의 맥락을 동시에 고려해야 한다. 또한 후술할 마루야마의 '일본적인 파벌' 문화를 염두에 두어야 할 것 같다.
8 마루야마는 당시 요도호에 우연히 탑승하고 있던 요시토시 야와라(吉利和)로부터 청의련(청년의사연합)의 학생이 범인 그룹에 있었고 그가 요시토시를 알고 있어서 대화를 나눌 수 있었고, 이로 인해 여러 이야기를 들을 수 있었다고 한다(松沢弘陽 & 植手通有, 2006: 250~251).

폭력의 용인 및 자기부정의 감각은 자신의 조직 혹은 조직의 일부만이 '전위'라는 의식을 강화해 가게 된다. 그 결과 점차 소수화되고, 파편화되며, 폭력성은 더욱 강화되어 간다. 즉 "가장 순수하고 가장 비권위적인 핵이 자신"이라는 논리를 외부에 비추어, 얼룩지고 권위적인 것은 제거되어야 했다. 운동자체가 목적인 상황이라고도 말할 수 있다.

3) 1969년 2월 24일 '법문 2호관'의 사상 풍경

학생운동의 초점을 다시 1968년과 1969년의 동경대에 맞춰보도록 하자(丸山眞男, 1997 참조).

1968년 1월 동경대 의학부의 학생자치회가 의사법의 개정에 반대하여 무기한 파업에 돌입한다. 6월 동경대학의 9학부에서 파업이 발생하고 이는 전학에 확대되었다. 7월 5일에는 '동경대전공투(전학공투위, 東大鬪爭全学共鬪会議)'가 결성된다. 7월중 동경대학 법학부 교수회가 학내문제에 대처하기 위해 교관의 역할을 분담하기로 하는데, 마루야마는 제1반(학부·학생문제 담당, 후에 간담회로 개칭)에 소속되었다. 11월 1일 오코우치 가즈오 총장이 사임하고, 동월 4일 동경대 문학부 파업 학생위원회가 하야시 겐타로 학부장과 70시간에 걸쳐 교섭을 계속한다. 8일 법학부 교수를 중심으로 한 50여 명의 교관이 하야시 교수의 해방을 촉구하는 성명 〈학생제군에 호소한다〉[9]를 발표한다. 12월 23일 전학공투위의 학생이 법학부 연구실을 봉쇄하였고, 마루야마는 '메이지신문잡지문고' 운영위원 주임으로 서동 연구실에 머무르게 된다. 1969년 1월

---

9 그 일부를 인용하면 "감금상태에서 회견을 강요하는 것 자체가 용서할 수 없는 폭거입니다. …… 싸울 여지도 없는 인권의 유린입니다."라는 내용이다(東京大学新聞研究所 & 東大紛爭文書研究会, 1969: 317~318).

18~19일 가토 이치로 총장대행의 요청으로 기동대가 야스다 강당을 점거하고 있던 학생들을 배제하였다. 22일 법학부 연구실의 봉쇄도 해제된다. 2월 10일 법학부 수업이 재개되었으며, 19일 법학부 투쟁위원회 학생대표 등과의 간담회도 이루어진다.

이러한 상황 속에서 마루야마 마사오는 1969년 2월 중단되었던 강의를 재개하기 위해 노력한다(이 당시의 상황에 대해서는 丸山眞男, 1998: 131~140).

마루야마는 동학기 수업을 재개하기 위하여 2월 21일 강의실로 향한다. 1시간 반 동안 강의가 진행되었으나, 당초 강의를 방해하려고 들어온 다른 학부의 학생을 포함한 일부 학생들이 질문이 아닌 힐문을 계속한다. 수업 10여 분을 남겨놓았지만 학생들의 방해는 계속되었다. 전공투 소속의 법투위(法鬪委) 학생들이 "집회를 계속하시죠."라고 요구하였지만 마루야마는 이를 무시한다.

두번째 강의는 2월 24일 추진되었다. 학교에 들어서니 '진보적 교관'을 탄핵한다는 간판이 세워져 있었다. 마루야마는 이때 나타난 학생들에 의해 강의실 반대쪽의 법문 2호관에 끌려간다.[10] 한 명 밖에 통과할 수 없는 바리케이드의 계단을 넘어 계단교실에 들어가게 되었다. 마루야마는 강단의 오른쪽 아래에 앉혀진다. 단상에서는 추급집회가 시작되었다. 오른쪽에는 하얀 헬멧, 빨간 헬멧의 학생이 있고, 하얀 헬멧이 마이크를 갖다 댄다. 왼쪽에는 법투위 학생들이 웅크리고 앉아 있다.

---

10 당시 동경대 철학과 조수였던 가토 히사타케(加藤尚武)는 마루야마가 학생들로부터 모욕을 당한(吊るし上げられた) 현장을 목격하였다고 한다(加藤尚武, 1997). 한편 모욕을 준 당사자 중의 한 명인 하세가와 히로시(長谷川宏)는 마루야마의 엘리트주의와 대중과의 거리를 강하게 비판하며, 당시의 전공투 학생들의 심정 일부를 토로하고 있다(長谷川宏, 2001).

마루야마: 이렇게 강제적으로 끌려온 상황에서 발언하지 않겠다. 묵비가 나의 원칙이다. 말하고 싶지만 말하지 않겠다.

학생들: 묵비한 후 기동대를 부를 예정인가? 마루야마 교수는 형식적 원칙을 고집하여 우리들의 추급에 대한 실질적인 해답을 회피하고 있다.

마루야마: 인생은 형식이다. 기동대의 도입은 나의 권한이 아니다.

학생들(마이크): 당신은 군국지배자의 정신형태로서 권한에의 도피를 일본지배층의 특색이라고 말했다. 당신도 군국지배자와 마찬가지 아닌가?

마루야마: 권한이 없다고 했지 책임이 없다고는 말하지 않았다. 권한과 책임은 다르다.

학생들(주로 문학부): 슬슬 손좀 볼까? 체, 베토벤 따위나 들으면서 학문을 한다고?

마루야마: (정신적으로는 괜찮았지만, 마루야마의 귀에 들이댄 마이크 소리가 너무 컸다)

(오후 5시경이 지나)

학생들: 앞으로는 마루야마 교수의 수업을 분쇄하여 교수를 발견하는 즉시 구내의 어딘가로 추방하자!

이후 폐회

[법학부의 학생 측은 법투위, 유지연락회(有志連絡会), 법간(法懇)[11]이 있다]

이날 마루야마의 솔직한 기분은 정신적으로 투지가 끌어올라 그다지 비참한 기분이 들지 않았다는 것이었다. 다만 아무리 얼굴을 모르는 학생이라 하더라도 '베토벤 운운'하는 말을 들으며 노골적인 증오의 표정에 둘러싸인 것은 처음 경험하는 것이었다. 마루야마는 그 증오가 '기대'에 의한 의지가 내팽개쳐졌기 때문에 발생한 것이라고 해석하였다.

세번째 강의는 2월 28일 금요일에 시도되었다. 마루야마는 23번 교실에 들어간다. 마루야마는 말한다

마루야마: (강의에 들어가며) 지난번 해프닝으로 휴강하게 돼서 폐를 끼쳤습니다.

(오후 2시경 수 명의 학생이 오른쪽에서 들어와 삐라를 뿌리고, 의학부 학생이 단상에 올라가 불만을 토로한다)

청강생들: 또야? 전공투 돌아가!

(마루야마는 단상에서 내려온다)

---

[11] 마루야마는 따르면 사토 신이치(佐藤慎一), 와타나베 히로시(渡辺浩), 미야무라 하루요(宮村治雄) 등은 '유지연락회'에 속해 있었다. 유지연락회는 반민청(反民青)이며, 전공투에도 비판적인 그룹이다. 마루야마 연구실의 학생들이 다수였다. 유지연락회만이 전공투와 파이프가 있었다. '법학부 간담회'는 일반 학생에 의해 조직된 것으로 반동적인 성격을 갖고 있으며, 전공투 조차 이들을 상대하지 않았다고 한다. '법투위'는 전공투 학생들에 의해 구성된 것으로 마루야마는 이들과 대화한 적이 있었으며, 이때의 마루야마는 의학부와의 공투가 능사가 아니며, 법률·정치적인 문제도 제기하는 것이 옳다는 발언을 한 적이 있다(松沢弘陽, 植手道有遍, 2006: 257~259).

마루야마: 지난번 내뜻에 반하여 나를 강제적으로 납치한 것에 대해서 어떻게 생각하는가?
기동대에는 직권남용이 있지만, 게바에 직권남용이 있는가?
대머리 의대생: 게바에도 직권남용이 있습니다.
마루야마: 원인론 혹은 배경론과 인격적 책임론을 혼동해서는 안 된다.
법간의 학생들: 우리는 마루야마 선생의 강의를 듣고싶다!
유지연락회: (미동도 하지 않는다)
마루야마: (전공투의 일군의 무리에게) 자네들의 감각을 잘 표현하는 출판물은 항간에 범람하고 있네. 그러나 내가 자네들의 응석을 받아주는 것은 자네들을 위해서 좋다고 생각하지 않네. 나도 생각해 볼 터이니 자네들도 생각해보게.

(이때 시간은 오후 2시 40분 정도)

네 번째 강의는 3월 3일로 예정되어 있었다. 그러나 이날은 휴강한다. 교도통신의 기자들로부터 학생들이 이날 연구실을 습격할 것이라는 사전정보를 들었던 것이다. 학교에는 '마루야마 제4회 공판'이라는 게시물이 떠돈다는 말도 들었다. 마루야마는 메이지 문고로 자리를 옮긴다. 시계탑 앞에는 상당수 학생이 집회를 하고 있었다. 고마바 캠퍼스에서 학생운동의 응원부대도 도착하고 있었다. 마루야마는 메이지 문고를 나와 택시로 귀가한다. 이후 법연(法硏)이 봉쇄된 것을 알게된다. 마루야마의 이날의 감상은 "'그들'에게 있어서 (이러한 행동은_필자) 자살과 같은 행동이 아닐까!"라는 것이었다.

다섯 번째 강의는 3월 7일 금요일이었다. 이전과 비교하면 연구실의 파괴 정도가 심각하지 않았다. 각 교수실의 출입문이 거의 파괴되어 있기는 하였다. 5분도 되지 않았는데 30명 전후의 학생들이 들이닥친다. 청강생들과의 사이에서 격렬한 공방전이 시작되었다. 뛰어나온 학생을 마루야마가 직접 손으로 제지할 정도였다.

학생들: 선생님과 간담회를 하고 싶습니다.
마루야마: 왜 자네들은 1대 1로 대화할 수 없는가? 왜 무리만을 의지하러 하는가?
한 학생: 저는 중국문학과 3학년생인 ○○ 입니다만, 1대 1은 그렇고 두세 명이 선생님 댁을 방문하고 싶습니다.

(전화번호를 주고받음)

법간의 학생: 저희가 주최하는 형식으로 토론집회를 열지 않으시겠습니까?
마루야마: 거절하겠네. (마루야마는 호의는 이해하지만 법간이라는 섹트를 특별 취급하는 것은 정당하지 않다고 생각한다)
대머리 학생: (대화를 요구한다)
마루야마: 자네들 자신의 결단 문제야.

(학생들 사이에서 토론이 이루어짐)

그 사이 전공투 학생들도 들어와 이른바 3파전의 형식으로 토론이 진행된다. 연단에서 법간, 유지연락회, 법투위가 대화하고 있는 모습이 보인다.

이러한 동경대학의 분쟁도 1969년 중·후반 이후 점차 약화되어 갔다. 그러나 1970년 한 해를 넘긴 마루야마는 1971년 3월 동경대학 법학부의 교수직을 사임한다. 마루야마는 1974년 3월까지 시간강사라는 직분으로 연구실 학생들을 지도하는 책임을 다한다. 이 당시 마루야마의 자택에서 미야무라 하루오, 와타나베 히로시, 박충석 등이 마루야마의 지도를 받았고, 후지타 쇼조(藤田省三), 우에테 미치아리 등의 모습도 보인다(松沢弘陽 & 植手道有遍, 2006: 254).

3
'마루야마 마사오 해체!'의 논리와 사상

1) '심정적' 비판과 '사상적' 비판

1960년의 안보투쟁을 둘러싸고 마루야마 마사오는 이미 두 명의 사상가에 의해 '총괄(総括)'되었다. 그 중 한 명은 앞서도 언급한 시미즈 이쿠타로이고, 다른 한 명은 전공투와 관련하여 보다 직접적으로 연결되어 있는 요시모토 다카아키(吉本隆明, 1924. 11. 25~2012. 3. 16)이다. 시미즈는 논문(清水幾太郎, 1960)과 저서(清水幾太郎, 1975)를 통해서 이미 마루야마와의 거리를 자각하고 결별을 선언하고 있으며, 요시모토는 공저(谷川雁, 吉本隆明 & 埴谷雄高, 1960)를 통해서 "전후 15년째에 의제(擬

制)는 종언을 고했다. …… 종언한 의제는 마치 아무런 상처도 입지 않은 것처럼 팽창하여 미래에 대하여 장밋빛 전망을 내놓고 있다. 아니 장밋빛으로밖에 말할 수 없게 되었다. 안보투쟁의 과정에서 상처 없이 통과해 오게 됨으로써 실제로는 이미 사멸하였고, 사멸했기 때문에 장밋빛 이외에는 말할 수 없다."라는 말로 마루야마 등과의 거리를 선명히 한다.

이러한 비판에 대해서 오쿠 다케노리(奧武則)는 시미즈의 경우는 '심정적'인 비판이었지만, 요시모토의 경우는 "신좌익 각 파의 이론을 검토한 후 내놓은 장대한 '사상적 총괄'"이었다고 평가하고 있다(奧武則, 2007: 156~157).

1960년 안보투쟁을 둘러싸고 마루야마와 더욱 소원해진 시미즈와 요시모토의 '사상'은 전공투를 둘러싸고도 계속되었다. 전공투와 관련해서는 역시 요시모토가 전공투의 입장을 가장 전형적으로 대표하고 있다.

마루야마가 동경대 전공투의 학생들에게 붙들려가서 발언을 강요당한 직후인 1969년 3월 요시모토 다카아키는 전공투 학생의 입장에 서서 마루야마에 대한 격렬한 비판을 전개하였다(吉本隆明, 1978).[12] 요시모토는 우선 마루야마가 외쳤다는 발언과 이에 대한 전공투 학생들의 반박을 논문의 전면에 내걸고 있다(吉本隆明, 1978).

마루야마: 자네들의 폭거는 나치즈도, 일본의 군국주의도 하지 않

---

[12] 요시모토에 의한 마루야마에의 본격적인 비판은 《丸山眞男論》(1963)에서 시작되었다. 따라서 이 책은 주로 1960년 안보적인 상황과 관련되어 있다고 보아야 할 것이다.

앉어. 나는 자네들을 증오따위는 하지 않아. 단지 경멸할 뿐.

학생들: 우리는 당신과 같은 교수를 축출하기 위해서 온 거야.

동시에 요시모토는 마루야마를 포함한 동경대학의 교관들[가토 이치로, 오우치 쓰토무(大内力), 사카모토 요시카즈(坂本義和), 시노하라 하지메(篠原一), 데라사와 하지메(寺沢一) 등]에 대하여, '심정의 스탈린주의자', '심정의 시민민주주의자', '전후민주주의적인 교수'들이라고 비판한다. 그들은 요시모토 등을 '하찮은', '평론가'로 규정한다. 요시모토는 그들을 대표하는 마루야마 등에 대하여, 내심 전쟁을 싫어한다고 하면서 병사로서는 총을 소지하는 것도 방해받지 않았으며, 마루야마야말로 일본 군국주의의 '관용'에 부채를 지고 있다고 비판한다(吉本隆明, 1978: 12). 또한 마루야마의 연구실을 봉쇄한 학생들의 행동이 나치와 군국주의도 하지 않았던 '폭거'라고 한다면, 그러한 폭거가 가능한 '전후민주주의 사회'란 나치와 군국주의 보다도 열등하다는 것을 반증한다고 말하면서 이른바 '전후'를 비판하고 있다. 요시모토의 발언을 직접 빌려오면 다음과 같다.

> 그들이 사회에 몸소 표명하던 것은 비겁함(怯懦), 기개 없음, 능글맞음, 비상식, 즉 특권적 지식인이 공유하는 악덕 이외에 아무것도 아니다. 그들은 전쟁의 시대와 완전히 같은 이유로 사상과 감성의 이중적인 토양을 나누어 사용함으로써 단지 당면한 사태만을 교묘히 빠져나가는 태도를 공공연히 표명하였다.(吉本隆明, 1978: 15)

요시모토는 '대학의 이념'과 '시민민주주의'에 대해서도 비판한다(吉本隆明, 1978: 15). 요시모토에 따르면 마루야마 등을 둘러싼 대학교수들은 학문연구의 자유, 사상의 자유 등을 대학의 병폐인 전근대적인 학벌지배체제의 해체를 위하여 행사하지 않고, '프레젠스(presence)'가 있는 지위를 고수하기 위해 역이용해 왔다. 총체적인 사회의 대중 속에는 어떤 자유와 자치도 존재하지 않는데, 대학만의 자유와 자치가 현실적으로 존재할리는 만무하다. 자유와 자치는 '이념'과 '가상(仮象)'으로서만 유통될 수 있으며, 그것도 대학 구내에 한정될 뿐이라는 것이다.

요시모토의 비판 논리는, 대학분쟁의 본질은 대학교수와 연구자들의 '시민민주주의 사상'이라는 것이 '이념'일 뿐이며, 이 이념과 대학교수들의 프레젠스에 대한 의식이 내학을 포함한 여러세계의 '현실'과의 사이에 커다란 균열을 초래한다는 지적이라고 할 수 있다.

요시모토는 또한 학생들의 '감성'적인 요구를 인정하면서도 이에 대응하지 못하고 허둥대는 대학교수들의 '최악의 모습'을 비판하고 있다. 요시모토에 따르면 학생들이 요구했던 것은 학문의 지적인 교수(敎授) 이외의 장면에서는 교수하는 것과 교수받는 것 사이에 어떤 특권적 학문 제도도, 인간관계도 있어서는 안 된다."라는 '감성적'인 요구였다. 그런데 대학교수들은 지적인 우위와 특권을 사회적 우위와 특권에 무의식적으로 연결하였으며, 그렇기 때문에 학생들의 '감성'에 의해서 무너질 수 밖에 없었다는 것이다(吉本隆明, 1978: 17). 전공투와의 거리가 요시모토에 비해서 상당히 먼 시미즈 이쿠타로의 경우도, 그리 적극적이지 않으며, 동경대 자체에 대해서도 무관심하다고 주장하지만, 전공투를 지지하는 입장에서는 요시모토와 크게 다르지 않은 것 같다. 시미즈는 말한다.

> 최근의 동경대의 상황은 모릅니다. 가토 대행 이하 여러 교관이 뭘 생각하고 있는지 모르고, 별로 흥미도 없습니다. 그러나 이전의 동경제국대학의 비인간적인 냉랭함과 협소함이 어딘가에 남아있고, 이점이 반일공계(反日共系) 제군의 행동의 원인일거라고 봅니다.(清水幾太郎, 1993: 268)

시미즈 이쿠타로의 전공투 학생운동에 대한 옹호는 궁핍과 불안과 억압에 대한 구제로서의 평화와 민주주의에 대한 패전직후의 '갈망'에서 멀어진 학생들의 상황에 대한 인식과 결부되어 있다. 즉 평화와 민주주의는 전공투 학생들의 출생 이전에 존재했던 것으로서 이들에게 평화와 민주주의는 귀중한 것이 아니며 평범하고 진부한 것이다. 따라서 전공투 학생들은 대학을 개혁하고 전후민주주의의 '진실'을 폭로하는 것은 '폭력'에 의해서만 가능하다는 인식을 하게 된다(清水幾太郎, 1969: 300~301). 즉 시미즈는 동경대에 대한 비판이라는 점에서는 전공투의 위치에 서 있지만, 패전 이후의 '갈망'의 원인인 궁핍과 불안과 억압의 부재라는 상황도 동시에 고려하고 있다는 점에 주의해야 할 것이다. 바로 이 점이 요시모토와의 '거리'라고도 말할 수 있다.

2) 포스트모더니즘과 '인간'

오오타케 히데오(大嶽秀夫)[13]는 전후 일본에서의 일련의 신좌익 운동

---
[13] 大嶽秀夫, 2007. 이하 신좌익과 포스트모더니즘의 관계에 대한 개괄적인 설명 및 시미즈 이쿠타로를 포스트

을 철학적인 포스트모더니즘과 연결하고 있다. 오오타케는 1950년대 후반에서 1960년대 초반의 신좌익을 '전기 신좌익'이라고 명명하고, 전공투 등을 포함한 이후의 신좌익을 '후기 신좌익'으로 구분한다. 그는 주로 전자에 중점을 두고서 포스트모더니즘적인 경향을 좇는다. 하지만 후기 신좌익의 논리에서 더욱더 포스트모더니즘적인 경향이 강하다는 점을 고려했을때, 결코 오오타케가 후기 신좌익의 중요성을 무시하고 있는 것으로 보이지는 않는다. 오오타케가 요시모토 다카아키를 직접 검토하고 있지는 않지만, 시미즈 이쿠타로를 포스트모더니스트라고 규정한다면 요시모토 다카아키는 더욱더 포스트모더니즘에 가깝다고 말하는 것이 논리적으로 타당할 것이다.

오오다케에 따르면 일본의 신좌익과 포스트모더니즘은 국가 대 개인, 정치권력 대 인권·자유라는 대립도식을 기본으로 하는 근대적 계몽주의자(모더니스트)적인 발상에서 전환하여, 가시성이 낮은, 그럼에도 불구하고 사회생활을 결정적으로 규정하는 '사회권력'에 대한 인식이 강하다. '관리사회' 혹은 '감시사회'란 이를 말하는 것이다. 포스트모던 철학의 관점에서 본다면 근대주의가 갖는 '메타적 화법(metanarrative)', 료타로가 말하는 '대서사시'에 대한 불신감이 강한 것이다.

하지만 서구사회는 근대 합리주의의 계몽과 진보를 신뢰하여 근대의 생산중심문화를 긍정하는 사상이 전제되는 동시에, 자본주의의 발달에 따른 전체주의의 탄생이라는 또 다른 메타적 화법의 계보도 존재

모더니즘과 연결하는 내용은 동서의 〈序章〉에 의한다. 오오타케는 화청투(華青鬪)와 신좌익이 소수자에 관심을 갖게 되었다는 사실을 스가 히데미(絓秀実)(2006)에 의해 인지하였다고 한다. 필자도 스가의 동저로부터 신좌익, 특히 오오타케가 미래의 연구과제로 하는 전공투와 포스트모더니즘의 관계에 대해서 많은 시사를 얻었음을 밝혀둔다.

하기 때문에 유럽의 포스트모더니즘이 반드시 부정적인 것은 아니다. 하지만 천황제 파시즘이라는 원죄를 갖고 있는 일본의 사상계·학계에서 근대주의가 주로 의존해온 화법은 파시즘·군국주의의 부활을 비판하는 부정적인 것에 기울어 있었다. 따라서 일본의 포스트모더니즘은 '부정적으로 묘사된 천황제 파시즘의 일본'이라는 '화법'에 대한 '위화감'과 '불신감'과 연결되었다. 이를 체현하고 있는 사상적인 선구자로 오오타케는 시미즈 이쿠타로를 들고있다. 실제로 시미즈는 저작(清水幾太郎, 1966)에서 '神'과 '과학'과 '진보'의 사망을 선언하고 '인간'만의 생존을 확인하고 있다. 1970년을 전후한 시기의 투쟁과 운동에 대한 시미즈의 인식에서도 '화법'에 대한 비판을 통한 '인간'의 제창을 확인할 수 있다.

> 1970년대의 안보에 대해 생각하는 경우 조금 조잡한 말 같지만, 미래의 생활에 대한 불안이라는 에너지가 있다고 할 수 있습니다. 안보가 끝났어도 이러한 에너지는 좀처럼 사라지지 않을 것입니다. 동시에 현재는 사상이라는 것에 대한 전통적인 패턴을 버리는 태도가 요구됩니다. 먼 옛날의 섭리 관념, 자유방임 사상, 마르크스주의, 아나키즘 등에는 인간이 철저하게 연구와 노력을 하지 않더라도 인간을 편안하고 밝은 미래로 이끌어주는 고마운 힘이 있다고 믿었습니다. 신의 사랑, 예정조화, 역사법칙, 인간성과 같은 것에 미래를 맡기던 시대에는 이를 통해 현재의 생활의 힘겨움으로부터 벗어날 수 있었을지도 모릅니다. 하지만 정작 중요한 미래의 생활에 대한 불안이 현실이 되면 더 이상 이러한 전

통적인 방법은 도움이 되지 않습니다. 신도 없고, 법칙도 없는 세계에서, 인간 자신이 자력으로 미래를 구성하고, 디자인한다고 할까요. 어쩔 수 없이 그러한 입장으로 나갈 수 밖에 없는 것은 아닐까요?(清水幾太郎, 1969)

이러한 시미즈의 입장을 고려하더라도, 오오타케도 지적하는 것처럼, 이를 운동하는 과정에서 체현하는 것은 후기의 신좌익이며, 이를 대표하는 것이 전공투로서, 이들의 '사회권력'에 대한 관심은 '권위주의 국가'와 '전체주의 국가'에 대한 지나친 강박적 관심으로부터의 '해방'이라는 성격을 갖는 것이다. 이러한 성격은 일본의 포스트모더니즘적인 철학에서도 공유되고 있으며, 해방의 방향은 후술하는 것처럼 '다면적'이다.[14]

오오타케는 포스트모던의 또다른 계기로 보통사람들, 즉 다수에 의한 '권력행사'로서의 '가해'라는 인식을 거론하고 있다. 이는 소수자(minority)의 문제이다. 그 대상인 소수자에는 민족적 소수자, 동성애자, 여성 등이 있다. 이러한 문제가 포스트모더니즘의 중요한 실천적 과제가 되었다는 것이다. 일본의 경우 근대주의자도 피해자 의식이 강했지만, 포스트모더니즘에서는 가해자에 대한 비판적인 인식이 더욱 강했다는 것이다.

이러한 인식은 신좌익운동의 내부에서 소수자에 대한 '보통 사람들'의 차별, 배제, 혹은 착취의 존재에 대한 인식을 환기하도록 촉구한 것

---

[14] 한편 시미즈 이쿠타로의 '근대'에 대한 비판에 연동하지만, 이와는 다른 발생경로를 갖는 것으로 '일본문화론'이 있다. 일본문화론은 근대주의자가 전근대적인 것으로 본 여러 현상을 일본문화의 특수성에서 이해하려 하였다. 즉 '사회관계'를 '특수 일본적인 것'이라고 해석한다.(오오타케, 5쪽)

과 유사하다. 스가 히데미에 의해 선구적으로 연구되고(絓秀実, 2006), 오오타케도 인용하고 있는 것처럼(오오타케, 7~8쪽), 구체적으로는 1969년 전후의 입관투쟁(入管闘争)[15]을 계기로 신좌익계 논섹트 라디칼을 중심으로 하여 재일 조선인, 중국인에 대한 반차별 투쟁이 시작되었다. 또한, 신좌익의 민족 문제에 대한 인식의 부족을 '화청투(華青闘, 華僑青年闘争委員会)'는 격렬히 비판하였다. 이와 관련된 사건이 1970년 7월 7일 '노구교사건 33년 일제의 아시아 재침략 저지 인민집회'[16] 당시 이 집회의 실행위원회 사무국의 인선에서 중핵파가 사무국을 구성하고 있던 베헤이렌(ベ平連)을 제외하는 대신 전국전공투와 전국반전연락회의(반전청년회의 전국조직)를 넣기로 한 것이다. 이를 계기로 화청투는 당일 신좌익 각파에 대하여 결별을 선언하고, '신좌익도 아시아 인민에 대한 억압자'에 불과하다는 내용의 비판을 남겼는데, 이러한 비판은 신좌익 사상의 패러다임 전환에 있어 중대한 계기가 된다. 즉 동화차별(同和差別), 민족차별, 페미니즘, 환경문제 등 소수자 투쟁으로 전환해 가는 것이다.

이상에서 살펴본 것처럼 시미즈 이쿠타로와 전공투 등의 신좌익 사상은 그 내부의 스펙트럼의 차이에도 불구하고 '포스트모더니즘적'인 성격을 띤다고 말할 수 있다. 그러나 '구조주의' 혹은 '포스트모더니즘

---

15 盧恩明의 《政治研究》(2010: 59~93)도 이 문제를 자세히 거론하고 있다. 즉 일본이 '출입국관리령'을 '출입국관리법'으로 개정하여, 대만유학생 陳玉, 劉彩品 등을 송환하였고, 이와 관련하여 李智成이 음독자살한 사건을 계기로 재일화교청년(在日華僑青年)은 1969년 3월 9일 화교청년투쟁위원회를 결성하여 신좌익 그룹 및 베헤이렌 등과 연대하여 투쟁하였다. 이후 陳이 대만에서 사형선고를 받자 격노한 화청투는 화교연합(華僑連合)과 화교총회(華僑総会)와는 달리 '전투적'으로 투쟁을 전개하였다. 화청투는 배제와 차별의 '입관체제'에 대한 항의운동을 전개하였다. 한편 한청동(재일한국인청년동맹)과 한학동(재일한국인학생동맹) 등도 화청투와 공투를 전개하였다. 이와 관련된 사건으로 한국군 탈영병 김동희(金東希)의 망명 문제와 임석균(任錫均)에 의한 오오무라 수용소(大村収容所) 고발 사건이 있었는데, 이들 사건도 민족적 소수자 문제에 신좌익이 관심을 쏟게하는 계기가 되었다.

16 스가 히데미는 전공투의 '과격화'와 포스트모더니즘적인 '소수자'에 대한 관심이 교차하는 지점에 이 집회의 의의가 있다고 분석하고 있다.

철학'을 직접 언급하며 '포스트모더니스트'로서의 자신의 위치를 확인한 것은 역시 요시모토 다카아키라고 말할 수 있다.

마루야마가 봉변을 당한 지 2개월 후에 마루야마 등에 대한 비판적 내용으로 점철된 글(吉本隆明, 1969)을 발표한 요시모토는, 다시 한 달 후에 미셸 푸코의 '체계'를 논하고 있다. 그는 자신이 자주 사용하는 언어 이론적 용어인 '공동규범인 언어'라는 개념은 "모든 인간 존재, 모든 인간적 사고에 앞서 이미 하나의 지식, 하나의 체계가 존재하여, 인간은 그것을 재발견하는 것"이라는 의미에서, 푸코가 말하는 '체계(시스템)'의 개념과 매우 유사하다고 고백하고 있다. 나아가 "신이 있던 장소에 인간을 두는 것이 아니라, 어느 무명의 사고, 주체 없는 지식, 출생 불명의 이론을 둔다."라는 의미에서도 푸코의 '체계'는 '공동규범인 언어' 개념과 유사하다고 말하고 있다(吉本隆明, 1978).

즉 요시모토는 자신의 사상이 구조주의 혹은 포스트모더니즘 사상과 결코 무관하지 않음을 솔직히 인정하고 있다. 동시에 요시모토는 '시미즈 이쿠타로적인' '인간'에 대한 언급도 결코 잊지 않고 있다. 요시모토는 이렇게 말한다.

> 푸코와 유사한 '공동규범'은 인간적인 것도 아니며, 인간주의(휴머니즘)적인 것도 아니다. 왜냐하면 '공동규범' 안에 얼굴을 내밀고 있는 인간은 전도된 '인간'이며, 거기에서의 인간은 '환상'과 '관념'을 마치 '신체'인 것처럼 사고하는 것 외에는 참가의 방법이 없기 때문이다. 이 '공동규범' 속에서는 인간의 자연 그대로의 '신체'는 역으로 유령과 마찬가지로

> '환상'과 '관념'과 같은 역할을 연출할 수밖에 없다. 푸코가 말하는 것처럼 '구조'와 같은 개념이 "인간이라는 관념 그 자체를 무용지물로 만드는 방향으로 향하게 한다."라는 것이 아니라, 원래 '구조'라든가 '체계'라는 개념을 궁극적인 것으로 섬긴다면, 인간이라는 개념은 이 계단으로 향하는 단계를 넘으려 해도 넘을 수 없다.(吉本隆明, 1978: 56~67)

요컨대 요시모토의 경우 시미즈 이쿠타로와 같은 정도의 허무주의에서 '인간'을 주장하고 있는 것은 아니다. 하지만 구조주의를 인정하면서도 이에 포섭될 수 없는 '인간'을 주장하고 있다는 점에서 양자의 사상적인 유사성을 추출하는 것이 불가능한 것도 아니다.

4
마루야마 비판의 함정: '재구축'의 숙명과 임계점

1) '일본적인 것'과의 재회

"자네들과 같은 행동은 나치도 군국주의도 하지 않았다. 나는 자네들을 경멸할 뿐이다."라는 말이 유통되면서 마루야마가 전공투에 완전히 부정적이었다는 이미지가 고정화된 것과는 달리, 마루야마가 전공투 운동에 공감을 표하는 장면도 존재한다.

마루야마는 동대 분쟁이 의학부 내부에 그쳤을 당시 의학부의 교원이었던 요시토시 야와라(吉利和)와의 대화에서 "외부에서 보면 학생을 처분하는 경우 제대로 논의도 하지 않는다. 이는 민주주의가 아니다."

라고 학생들을 옹호하고 있는 장면이 그것이다(松沢弘陽 & 植手通有遍, 2006: 250~251). 즉, 마루야마는 동대 분쟁의 발단이 된 의학부 문제를 학생의 관점에서 변호하려고 했던 것이다.

동대 법학부의 학문적인 개혁의 문제에 대해서도 마루야마는 매우 긍정적이고 적극적이다. 마루야마는 동대 법학부에의 혁명은 바로 법학부의 혁명을 동반해야 한다고 말하고 있으며, 법학부의 혁명은 바로 '법률학'이어야 한다고도 지적하고 있는 것이다(丸山眞男, 1998: 177~178). 전공투에 속한 법투위가 이러한 학문적 문제를 법학부의 레벨에서 모색하였더라면 그들의 주장은 현재보다 몇십 배는 설득력을 가졌을 것이라고 하면서 투쟁의 방법도 제시하고 있다. 단순히 다른 학부의 치분 문제에 대한 '동정스트' 혹은 '제국주의 대학의 본거지'라는 추상적인 일반적 비난 이외의 슬로건을 제시할 수 없었던 점이 법투위의 약점이라고 인식하고 있으며, 이와 관련해서 의학부의 청의련(青医連)의 투쟁은 방향을 제대로 잡고 있다고 언급하고 있다.

한편 마루야마의 전공투 경험은 마루야마 자신을 포함한 이른바 '인텔리' 및 '인텔리의 다마고'의 '기만성'을 직시하게 한 계기이기도 하였다(丸山眞男, 1998: 174~175).

마루야마는 논섹트 라디칼 그룹의 '자기 기만'이란 "자신의 행동은 비정치적 혹은 반정치적이라고 생각하는 점이다."라고 지적하고 있으며, 심정적으로 전공투를 추구하였지만 결국은 '내팽개쳐진' '일반 학생'을 주시하고 있다. 또한 '피해의식'만 있는 총장과 교관들을 비판하기도 한다. 지칭의 대상이 구체적으로 누구인지는 알 수 없지만, 기자와 전공투 및 각 당파의 지도자들을 '파라사이(기생족)의 무리'라고 비판하고 있다. 평론가들에 대해서는 "자신의 시장을 확장하기 위한 기회로 삼아 마구 써댄다."고 언급하고 있다. 이외에도 너무나 순응적인 교수들과, 일공(日共)에 대한 증오감에 의해서만 움직이는 전 공산당원, 직장에 대한 무력감을 전공투를 통해 해소하려는 샐러리맨, 전공투의 학생을 '폭력 학생'이라고 부르는 것에 아무런 주저함도 없는 일공(民靑)의 교관과 학생도 마루야마의 비판적 시선의 내부에 있다. 그러나 결국 '교관으로서의' 책임을 다하지 못했다는 자책감은 또한 마루야마 자신을 구속하고 있다.

그런데 마루야마의 전공투와의 조우는 마루야마 자신의 사상을 그 원점으로, 그것도 강렬하게 복귀하게 하는 계기이기도 했다. 즉 마루야마는 전공투의 조직과 논리와 사상에서 '문어항아리'로서의 파벌의 문제를 발견하고, '제도화'를 거부하는 '감상적'인 태도가 갖는 위험성을 지적하고 있다. 동시에 마루야마는 '병적인 트로츠키즘'이 아닌 제도화를 동반한 '영구혁명'의 중요성을 '거듭' 확인하고 있다.

먼저 마루야마는 전공투 및 수많은 당파로 구성된 신좌익에서 일본적인 '파벌' 문화를 발견하고 있다. 마루야마가 이해하는 학생운동 내부의 '파벌'은 단순한 의기투합 집단도, 이해집단도 아니며, 이데올로기로부터 가장 먼 것이었다. 마루야마는 '좌(左)'의 집단에 파벌이 쉽게 형성되는 것, 모든 '제도적'인 것을 혐오한 일본의 신좌익 혹은 전공투적인 논섹트 라디칼이 사회적인 장에서는 극단적으로 '코네(コネ, 연고주의)'의 인사에 빠지는 것이 일본 문화의 희비극이라고 지적하고 있다. 마루야마는 말한다. "한 사람의 일본인은 영리하다. 두 사람의 일본인이 모이면 다른 사람의 악담을 한다. 세 사람의 일본인이 모이면 파벌을 만든

다(혈연 집단 및 종교 집단과 관계없는 파벌 형식이라는 점에서, 중국과 조선의 얼핏 유사한 파벌 관습과도 현저히 다르다). '파벌'에 대한 분석 없이는 일본사회의 분석은 불가능하다."(丸山眞男, 1998: 153). 마루야마는 1968년 11월 19일 도서관 앞의 게바 충돌과 관련해서도 '무라(촌락) 공동체'적인 일본사회의 병리를 발견하고 있으며, '해프닝'이 아닌 '제도'의 문제를 지적하고 있다(丸山眞男, 1998: 217~218).

마루야마는 또한 '정치'에 대한 낭만주의적인 접근과 예술적인 접근, 열광, 끊임없는 투쟁의 논리를 비판하는 동시에 전공투의 '자기비판' 논리의 결정적 결함을 지적한다. 내용이 아닌 '방법'을 강제하는 전공투의 '끝없는 투쟁'의 방식이야말로 양심을 지탱하는 보편적인 규범이 부재했던 전전의 양식과 매우 닮아있음을 놓지지 않는다.

> 예술에 대한 열광적 심취는 최고의 힘을 갖고, 정치에 대한 열광적 심취는 최악의 힘을 갖는다. 따라서 전자가 후자를 위해서 동원되는 때만큼 무서운 것은 없다. (나치의 베토벤과 바그너의 이용!) 정치의 예술화=로망적 사고는 반정치적인 로망주의자가 가장 먼저 배격하려는 예술의 정치화와 실은 표리일체다(미시마 유키오의 경우).(丸山眞男, 1998: 93)

자기비판과 타자에 대한 사죄와의 구별은, 자기와 타자를 함께 초월하여, 양자를 동시에 구속하는 절대자, 혹은 절대규범의 존재를 전제로 한다. 즉 그 존재에 대한 양자의 승인을 전제로 하는가 아니면 타자와의 관계의 논리(=화해의 길)가 있을 뿐인가의 구별이다. 타자에 대하여 자기가 자기를 비판한다고 하는 것은 형용모순(contradictio in adjecto)이다. 전공투의 자기비판의 '요구'와 이에 호응하는 '양심적'인 교사의 우열(愚劣)은 여기에 있다(1969년 3월). '자기비판'과 '자기부정'이 현대 일본의 파라사이들의 언어가 되어있다는 사실보다 더욱 심각한 아이러니는 없을 것이다.(丸山眞男, 1998: 86~87)

작년(1968년) 가을, 가토 집행부가 구성되어, 전공투가 요구해 온 7개 항목 대부분을 받아들이게 되었을 때, 전공투는 "문제는 7개 항목을 받아들일지 아닐지가 아니라 받아들이는 방법이 문제다."라고 말했다. …… 받아들이는 방법이 좋을지 어떨지는 마음의 준비와 양심의 문제로서 외부적 행동으로는 판정할 수 없다. …… 내면성과 양심에 관계된 문제를 대중 앞에서 고백하도록 강제하는 '자기비판요구' 내지 '끝없는 투쟁'이라고 하는 전혀 볼 수 없었던 운동의 사고형태는 이렇게 확대해 갔다. 그것은 논섹트 라디칼이 야스다성(安田城)의 헤게모니를 잡은 시기와 대략 일치한다. '양심의 자유'가 뭔지를 모르는 점만으로도 그것은 전전의 모습에서 전혀 벗어나 있지 않다. 도대체 어떤 점이 뉴레프트란 말인가!(丸山眞男, 1998: 129~130)

이러한 마루야마에게 전공투를 포함한 당시의 학생운동과 이를 옹호하는 자들은 "영원한 허니문을 갈망하는 병적인 낭만주의자의 모습을 한 트로츠키의 (부정적인 측면의_필자) 영구혁명"(丸山眞男, 1998: 94)이었던 것이다. 마루야마가 추구하는 것은 짐멜의 표현을 빌린 '생(문화) → 형식(제도) → 새로운 생 혹은 문화 → 새로운 형식(혹은 제도)'과 같은 생과 형식 사이의 변증법적인 관계였다. 그러나 제도와 형식에 대한 조건 없는 거부를 추구하는 전공투적인 학생운동은 '해프닝'에 불과하였다 (松沢弘陽 & 植手通有, 2006: 256).

신좌익의 '폭력'과 '자기부정'의 논리가 트로츠키즘의 '병적인 측면'을 계승한 것이라고 한다면, 마루야마 또한 일본의 신좌익이 본격적으로 움직이기 시작했던 1950년대 후반부터 마치 신좌익의 '병적인' 측면을 의식하기라도 한 것처럼 참된 '영구혁명'의 의의와 '제도'의 중요성을 지속해서 역설하고 있다.[17] 마루야마는 1956년에 처음으로 '영구혁명'이라는 용어를 사용하였지만,[18] 1960년의 세편의 논고에서 자신의 '영구혁명'에 대한 정의를 명확히 하고 있다. 그런데 안보투쟁의 흥분이 가라앉고 전공투적인 신좌익 운동이 전개되던 1960년대에도, 즉 이 글의 주된 고찰의 대상이 되는 시기에도 마루야마는 '영구혁명'이라는 표현을 자주 사용하였다. 마루야마는 외유 직후인 1964년에 2회에 걸쳐서 영구혁명을 논하고 있으며, 1966년에도, 전공투학생들에게 수모를 당했던 1969년에도 영구혁명을 외치고 있다. 1988년과 1989년에도 영구

---

[17] 마루야마 마사오의 '영구혁명'을 포함한 '영구혁명론의 역사'에 대해서는 졸고 〈마루야마 마사오의 〈영구혁명〉론-그 사상사적 계보〉, 《동양정치사상사》 제12권 2호, 2013. 9. 참조.
[18] 이 당시의 논고에서 마루야마는 영구혁명을 스탈린적인 것과 트로츠키적인 것으로 나누고 있다. 즉 마루야마는 스탈린의 폭력적인 영구혁명을 비판하고 있으며, 그 적대자로서 트로츠키적인 영구혁명에 무게중심을 두고 있다. 그러나 마루야마적인 영구혁명의 형성은 이때가 결정적인 계기이기는 했지만, 사건으로서는 1960년 안보투쟁으로 보는 것이 타당하다고 생각된다.

혁명이 언급되고 있는 걸로 보아 마루야마의 '영구혁명'에 대한 신념의 지속성을 확인할 수 있다.

마루야마의 '영구혁명'은 "'인민의 지배'라는 관념의 역설성을 잊을 때, '인민'은 돌연 '당', '국가', '지도자', '천황' 등과 동일화되어 민주주의는 빈말이 된다."(丸山眞男, 1998: 56)는 표현에 압축적으로 함의되어 있다. 마루야마의 영구혁명론을 전형적으로 표현하는 이 문장의 후반부에 있는 당, 국가, 지도자, 천황 이외에 '전공투' 혹은 '전공투의 각 섹트'를 추가한다면 마루야마의 '영구혁명'은 여전히 많은 의의를 갖는다.

마루야마의 영구혁명은 전공투와 신좌익이 주장하는 권위에 대한 영원한 '투쟁(물리적인)'의 결과로서의 분화와 파편화와 린치와 우치게바와 같은 '제도'의 단계를 거치지 않는 허무주의적이고 감상적인 '영구혁명'이 아니라, 불완전함에도 불구하고 '국가'와 '제도'가 갖는 긍정적인 측면으로서 소수자(소수민족, 이단, 기타 사회적 편견의 희생이 되기 쉬운 존재)를 보호하는 그런 측면에 대한 지지를 포함하는 것이다. 그러나 이러한 제도와 국가도 다수 혹은 소수자에 의한 전제가 행해질 때 '보편적인 규범'이라는 관념에 대한 인식을 토대로 다시금 재편성되어야 할 것이다.[19]

마루야마는 당시의 학생과 평론가들에 의해 제기된 '전후민주주의'에 대한 불명확하고, 부정확한 비판을 의식하고, 이들이 비판하는 '전후민주주의'를 그 유형과 내용으로 나누어 생각해보아야 한다고 한다. 즉 '전후민주주의'에 대한 정확한 정의와 실체도 없이 단지 언설로써 회자

---

[19] 丸山眞男의 《丸山眞男集》 16(1997: 33~34)과 《自己内対話》(1998: 70)에서도 이와 관련된 언급을 확인할 수 있다.

되고, 내용이 빠져있는 비판에 대하여 재비판을 시도하고 있다.

> 최근 동대분쟁, 아니 전국적인 대학분쟁과 관련하여 전후민주주의에 대한 부정적인 언사가 한층 높아졌다. 이미 전후민주주의를 정면에서 옹호하는 언론이 평론계에서 거의 눈에 띄지 않게된 진기한 현상이 발생하고 있다. (그러한 부정적인 언론의 자유가 바로 전후민주주의를 향수하는 바탕 위에서 성립되고 있음에도 불구하고!) …… '전후민주주의'라는 경우, 전후의 헌법(및 헌법에 따르는 자유권을 보장한 제법률)의 체계를 말하는지, 또는 현실의 정치체제(및 의회제 민주주의의 현실과 거리가 먼 보수 영구정권하의 '의회정치')를 말하는지, 혹은 사회주의운동과 노동운동을 포함한 민주주의를 칭하는 운동의 현실(즉 혁신정당의 현실)을 말하는지, 혹은 세계적으로 그리고 처음으로 부정해야할 정치세력이 소멸해버린 민주주의의 이념을 말하는지, 그 정도는 구분해서 논의되어야 마땅하다.(丸山眞男, 1998: 185~186)

요컨대 마루야마의 '전후민주주의' 비판에 대한 '재비판'의 요체는, 전후민주주의에 포함된 여러 성격, (1) 전후의 헌법체계, (2) 자민당의 장기집권, (3) 혁신정당의 지배, (4) 이미 보편화되고 거스를 수 없는 민주주의의 이념에 대한 구별의 의지와 인식도 없이, 비판자 자신들조차 '없이는 살아갈 수 없는' (1)과 (4)조차도 부정함으로써, 전공투적인 의미의 '자기부정'이 아닌 존재의 근거로서의 자기부정에 빠져있다는 것이다.

또한 1960년 안보투쟁 이후 '진보적 문화인'과 '자민당의 동거'라는 말이 횡행하였지만, 마루야마는 단 한시도 (2)와 (3)에 대한 비판을 중단한 적이 없으며, 동시에 '변해가는 현실'에 대한 비판도 중단한 적이 없었다고 한다. "나는 근본적으로 시대를 표현하고 있는가, 아니면 반시대적인가. 나의 실감으로서는 후자라고밖에는 생각되지 않는다. 이념이란 자연적 경향성의 '흐름에 거역한다'는 점에 존재의의가 있다는 나의 확신이 흔들릴 것 같지는 않다."(丸山眞男, 1998: 246)라는 말이 암시하는 것처럼, 마루야마는 '흐름'과 '현실'에 타협했던 전전의 일본과 전후의 '현대사상'에 대한 거리를 지속해서 유지하고 있다.

전공투의 운동과 동시에 미디어와 논단에서 많은 평론가들이 마루야마를 비판한 것에 대하여 마루야마는, '평론가적인 것'과 '논문'과의 차이를 명확히 구분함으로써 '평론가적인 것'의 문제점을 제기한다. '평론가적인 것'에 대한 비판은 요시모토 다카아키에 대한 직·간접적인 수가 많지 않은 논평이라고 생각되는데, 다음 항에서도 알 수 있는 것처럼, 요시모토적인 것의 '딜레마'를 분명히 한다는 의미에서 중요하다. 마루야마는 평론이라면 '나는 생각한다'로 쓸 수 있겠지만, 아카데미즘의 장에서 "왜 그렇게 생각하는지 근거를 명확히 하지 않으면 안된다."라고 말함으로써 요시모토 다카아키 등을 애독하면서, 그것을 모범으로 '평론'을 쓰는 것에 대하여 비판하고 있다(松沢弘陽 & 植手通有, 2006: 255). 마루야마가 생각하는 '논문'의 사상이란 '대상'과 '주체'와 '왜' 등을 포함한 것이지만, '평론'에는 주체의 '감성'만이 존재할 뿐이라는 지적이다.

이러한 '평론'은 전공투를 포함한 신좌익적인 것, 요시모토적인 것,

포스트모더니즘적인 것을 상징한다는 점에서 마루야마의 지적처럼 그 한계를 부인할 수 없을 것 같다.

2) '해체'와 '회귀'

앞서도 언급했던 것처럼 시미즈 이쿠타로는 1960년 안보투쟁 이후 20세기의 '체계'와 '대사상'의 붕괴를 주장했고, 오오타케 히데오는 신좌익과 포스트모더니즘의 공통점으로 '근대'의 부정, 즉 '메타내러티브'의 부정을 들었다. 이러한 성격이 전공투의 사상에도 내재되어 있다고도 주장하였다. 마루야마는 전공투 학생들이 가토 총장에게 7개의 요구안을 "받아들일지 아닐지가 아니라 받아들이는 방법이 중요하다."라고 주장한 사례를 들면서, '근대', '메타내러티브', '전후민주주의'의 '내용'을 부정하는 전공투 학생들의 그 정체를 알 수 없는 '방법'에 대해서 비판하였다. 이러한 상황은 '해체'라는 단어로 집약될 수 있다. 구축되는 모든 권위와 내용은 '투쟁'을 통해서, '자기부정'을 통해서, '우치게바'를 통해서, 지속적으로 살인·린치해야 했으며, 이러한 린치는 영구혁명적으로 수행되지 않으면 안되었다.

하지만 이러한 해체 이후에 남는 것은 공허감이며, 무력감이고, 자신을 둘러싼 실존적인 '현실'이었다. 전공투 학생들의 경험을 조사한 자료 《全共鬪白書》(全共鬪白書編集委員会, 1994: 142~183)를 보면, 전공투 세대는 다시 전공투 시기로 돌아간다고 하더라도 "그때와 똑같이 행동할 것이다."라는 입장을 밝히고 있다. 그러나 동시에 지나친 해체와 폭력적인 영구혁명의 상황(특히 우치게바 등)에 대한 환멸, 졸업과 사회 진출이라는 '현실'을 고백하고 있다는 점에서 '무한 해체'로 인한 기반 상실의 약점을 잘 인식하고 있다.

결국 이렇게 상실된 기반은 새로이 구축되어야 할 과제로 남게된다. 시미즈 이쿠타로의 경우 전공투를 목격하기 이전 '인간'으로 표상되는 '국가'와 '역사'와 '일본'과 '천황'과 '핵'이라는 사상을 무기로 삼고 《諸君!》과 《正論》 등에 일찌감치 자리를 잡았다.

하지만 전공투를 포함한 70년 전후의 신좌익과 이들을 대표하는 요시모토 다카아키의 사상을 계승하는 일본의 포스트모더니즘의 '해체 이후'의 사상적인 주소를 검토하는 과제는 그리 쉽지만은 않다.

또한, 요시모토 다카아키의 경우에도 그러한 것처럼 난해하고, 섹트처럼 다양하며, 연구 대상인 문헌의 양에 있어서도 그 수를 헤아릴 수 없을 만큼 많은 연구의 내용을 모두 다룬다는 것은 불가능에 가깝다. 그러나 이들의 '경향(무드)'을 이해할 수 있는 소재 혹은 연구를 통해 그 윤곽을 더듬는 것이 불가능한 것만도 아니다.

스가 히데미는 신좌익의 과격성의 원천인 동시에 포스트모더니즘적인 소수자에 대한 관심의 계기가 된 사건이 1970년의 7·7 자기비판이라고 언급하였다(絓秀実, 2006: 181~182, 190). 스가 히데미의 따르면 일본인이 중국인과 한국인에 대해 가지고 있는 '피의 채무(血債)'를 청산하기 위해서는 일본인이라는 주체를 자기부정하여 '무(無)'가 될 수밖에 없다. 하지만 존재론적으로 일본인은 일본인으로서 싸울 수밖에 없으므로 '무'로 있으면서도 '핵(核)'인 주체를 발견하지 않으면 안되었고, 그 때문에 '마이너리티'에 대한 관심으로 혹은 '과격성'으로 흐를 수밖에 없었다고 지적한다. 우치게바가 만연하게 된 것도 7·7 직후인데, 7·7 이후 '주체'는 결국 여러 방향으로 미주(迷走)할 수밖에 없었다는 것이다.

이와 관련하여 교토대학 전공투 운동의 당사자였던 우에노 치즈코(上野千鶴子)와 쓰지이 다카시(辻井喬)는 대담(2008)에서, 쓰지이는 '혁명에 대한 자기암시적 사명감에서 유래하는 순수성과 강도(强度)의 피해자 의식'이 '총괄'이라는 '폭력'의 원천이라고 언급하고 있으며, 우에노는 '이상주의를 내걸었던 공동체의 지옥'이라고 표현하였다. 이러한 표현은 전공투와 포스트모더니즘의 사상적인 종국점을 잘 설명한 것이라 생각한다.

문제는 이러한 전공투적인 것 혹은 포스트모던적인 것은 정치적으로는 급진주의적이지만 사상적으로는 니힐리즘(nihilism, 허무주의) 혹은 시니시즘(cynicism, 냉소주의)적인 모습을 띠게 된다는 것이다. 즉 '폭력'과 '해체'와 '소수자' 문제에 직면하게 된 '상내주의'는 원초적으로 '불안정'할 수밖에 없다. 이러한 불안정은 그 '영원성'을 회피하는 방법을 모색하지 않을 수 없게 된다.

스가 히데미는 이러한 불안정의 원인에 대하여 '정사(正史)'에 대한 '위사(僞史)'의 등장이라는 관념으로 설명하고 있다. 다수의 소수자가 역사의 주체로 등장하고 자신을 주장하기 시작했다는 것은 권력자가 기술한 '정사'에 대해 의문을 제기하는 것이며, '위사'의 등장을 허용하는 것으로, 스탈린 비판에 의해 사적 유물론이라는 '정사'는 실추하고, '언어론적인 전회'가 시작되었다. 동시에 이로 인하여 구조주의와 포스트구조주의가 등장하는데, 이러한 상황이야말로 극히 포스트모던적인 현상이라는 것이다(絓秀実, 2006: 194). 그런데 그 언설의 진실성을 보증하기 위해서, 혹은 있어야 할 정사를 스탈린이 '배반했다'고 한다면, 트로츠키적인 '실천' 혹은 소수자 혹은 종속집단(subaltern)이라는 '이단적'인

'주체'를 내세우는 '실천'만이 요구된다(絓秀実, 2006: 195).

이러한 '이단'과 '실천'은 시미즈 이쿠타로의 경우 '인간'의 '역사'와 '일본'으로 연결되었다. 물론 전공투를 대표하는 요시모토 다카아키의 경우에도 1970년 훨씬 이전부터 이미 서구적인 사상에 대한 반발에서 '토착적인 것'을 재평가할 것을 주장하였다(絓秀実, 2006: 197). 스가는 다음과 같이 말한다.

> '역사에서 허구로'의 전향은 '68년'을 준비하는 신좌익이 태생적으로 배태하고 있던 문제였다. 일본의 신좌익은 '전향' 좌익으로서 출발해야 할 숙명을 안고 있었기 때문이다. 이처럼 위사로의 '전향'은 좌익에서 우익으로의 '전향'을 이미 실천적으로 겸비하고 있었다.(絓秀実, 2006: 220)

스가의 이러한 언급에 대하여 필자는 약간의 난해함을 느끼지 않을 수 없었다. '주체'의 '무(無)'화의 계기가 1970년 7·7이라고 스가는 명확히 언급하고 있음에도 불구하고, 이의 원천이 신좌익의 탄생 당시에 이미 존재하였다고 말하고 있기 때문이다. 이 점과 관련해서는 교토대 전공투 학생이었고 이후 페미니스트가 된 우에노가 우에노 치즈코 자신이 요시모토 다카아키와 거리를 두게 된 결정적인 계기가 "요시모토는 결코 남자의 '환상'을 포기한 적이 없었다."(스가, 226)라는 발언을 스가가 인용한 점에서 약간의 힌트를 얻을 수 있다. 스가는 "무로서의 고향이 동시에 환원하기 어려운 견고한 집착적인 '것'임으로 인해서 본원적인 고향 상실자는 '귀향'을 반복한다. 그 핵과 같은 '것'이 존재하지 않는다면 고향 상실자는 광기에 빠지게 될 것이다."(스가, 246)라고 '전향'을 논하고 있다. 이는 전공투적인 것, 포스트모던적인 것의 필연적인 운명을 언급한 것이라 생각된다. 요시모토에 관해서도, "요시모토는 기본적으로 정사에 뒷받침된 '고전'을 의심하지 않는다.", "요시모토는 야마토 다케루에 의해 성립한 '정사' 측에 있다.", 요시모토의 사상은 "'정사'의 상대적 우위를 인정한 바탕에서 이를 '상대화'하려 했다."(스가, 256~257)라고 논하고 있다. 이는 요시모토가 7·7 이전적인 것과 이후적인 것의 교차점에 있다는 지적이라고 말할 수 있다. 어느 경우든 요시모토, 신좌익, 전공투, 포스트모더니즘에 공통으로 내재되어 있는 근대적인 '주체'에 대한 비판이라는 점에서는 일치한다.[20]

오오사와 마사치(大澤眞幸)도 이와 유사한 지적을 하고 있다. 즉 '모던'과 '포스트모던' 그리고 '전통'은 서로 의존하는 순환관계라고 말하면서, '포스트모더니즘'과 '포스트모더니스트로의 요시모토 다카아키'가 겪게 될 사상적인 운명을 비판하고 있다. 오오사와 마사치 자신도 '포스트모더니즘적'인 사회학에 기울어 있었다는 점을 고려한다면 오오사와 본인과 요시모토 모두에게 적용될 수 있는 매우 흥미로운 지적이라 생각된다.

> 포스트모더니즘은 규범의 보편성에 관한 모든 주장을 상대
> 화하여 탈구축한다. '보편적'이라고 칭하는 규범은 모두가

---

[20] 요시모토의 '자민족중심주의'를 7·7 이전적인 것으로 볼 것인가 이후적인 것으로 볼 것인가에 대해서 스가 히데미는 요시모토가 친근했던 분트의 반기파(反旗派)가 당시 분트 내의 당파 투쟁 때문에 전기파(戰旗派)에 패배한 결과 전국 전공투 집회에 참가할 수 없었고, 때문에 반기파는 혁마르파와 마찬가지로 7·7에도 참가할 수 없었다는 점을 예시하고 있다. 즉 요시모토가 청화투의 고발에 반응하지 않은 점을 지적하고 있다.(絓秀実, 2006: 277)

특수한 공동체의 역사와 실천에 근거한 허구라는 점을 표명하는 것이다. …… '포스트모더니스트'는 결국 전통주의적인 주장으로 회귀해간다. …… '포스트모더니스트'는 노골적으로 전통주의를 비판함으로써, 오히려 행위 수행적으로 전통주의를 옹호하는 셈이다.[21]

우에노 치즈코는 기타다 아키히로(北田曉大)의 저서(2005)를 인용하면서 자신을 포함한 현재의 세대는 '이상주의에 대한 냉소주의'에 젖어 있다고 말하고 있다. 이 냉소주의로 인해 자신이 갖고 있던 공공성과 공동체를 상실해 버리고 그 결과 새로이 등장하는 공공성과 내셔널리즘의 "신선하고 매혹적인 동원력"에 흡수되어 버린다는 것이다(辻井喬, 2008: 287~288). 물론 우에노는 전공투 세대가 '대항축'을 가지고 있었다고 하면서 대항축을 갖고 있지 않은 현대 일본의 냉소주의와 전공투를 구별하고 있다. 그러나 스가의 분석에 따른 7·7 이전적인 요시모토의 내셔널리즘과 1960년 안보 이후 노골적이고 직접적으로 보수화한 시미즈 이쿠타로를 고려한다면, 전공투를 포함한 신좌익 전체가 사상적으로 취약하다는 점은 부인할 수 없을 것이다.

냉소주의의 약점을 예리하게 지적하고, 자신이 몸담았던 전공투의 사상적인 취약성을 조금은 변호하려 했던 우에노이기는 하지만, 스가와 마찬가지로 일련의 포스트모더니즘 계열 학자들이 보수화한 것에 대한 비판은 극히 강렬하다. 우에노는 나카가미 켄지(中上健次)와 히로마쯔 와타루(広松涉)가 냉소주의 이후의 세계에서 '덜 나쁜' 공동체를 위

---

[21] 《現代詩手帳》(大澤真幸, 2003).

하여 천황제로 되돌아갔고, 미야다이 신지(宮台真司)와 아사다 아키라(浅田彰)가 탈근대주의에서 근대주의자로 '전향'하였다고 지적함으로써(辻井喬, 2008: 290) 전공투와 포스트모더니즘의 실존적인 운명을 직시하고 있다.

이와 관련하여 우에노가 언급한 기타다 아키히로는, '총괄'이라는 이름으로 〈무언가에 대한 지향성을 결여한 반성(反省)〉을 촉구하는 1960년대적인 시대정신은 1970~1980년대 초반의 〈'반성하지 않는다'는 반성: 소비사회적 아이러니즘〉으로 이어지고, 1980년대 중반에서 1990년대 초반에 걸쳐서는 저항의 의미가 사라진 단순한 〈무반성: 소비사회적 시니시즘〉으로 변모하며, 1980년대 이후에는 〈아이러니가 목적화한 '감동'과 '실존'의 공존: 낭만주의적 시니시즘〉으로 연결된다고 말하고 있다. 그런데 기타다는 1960년대 이후의 이러한 아이러니의 연쇄는 "어떤 아이러니도 없이 특정한 '사상'과 '이념'에 의해서 견해를 밝히고, 강제하는 행위(형식)에의 위화감이, '사상 없는 사상'으로 결정화되었다."라고 말함으로써, 사실은 '사상 없는 사상'을 외치는 전공투적인 사상이 전 시기에 걸쳐 전제되고 있었다는 점을 '의도치 않게' 증명해 버렸다(北田暁大, 2005: 24, 218). 기타다는 이러한 '반성'의 연쇄, '아이러니'의 연쇄의 결과가 '우연하게' '내셔널리즘'과 '보수'로 귀결되었다고 말하고 있다. 하지만 아이러니 및 연쇄의 내용과 과정 그 자체에서도 보수적인 요소들을 추출할 수 있다는 점을 고려해야 한다. 요컨대 '사상 없는 사상'이 의식적으로 저항하고자 했던 최초의 대상이 '근대'와 '전후' 등으로 표상되는 마루야마적인 [사상]이라고 한다면, '내셔널리즘'과 '보수'로의 귀결을 단순한 우연으로 간주해서는 안 될 것이다.

5
맺음말

지금까지 거칠게 논한 것처럼, 이 글의 문제의식은 '마루야마를 마사오를 대상으로 볼 경우와 마루야마 마사오를 대상화시키는 사상을 다시 대상화시켰을 때 어떤 결과가 나타날 것인가' 하는 점이었다. 요컨대 마루야마를 포함한 '전후'를 문제시하는 경우 크게 두 가지 경향이 나타났다는 점을 지적해야 할 것이다.

먼저 정신적 혼란과 허무주의와 상대성으로부터 탈출하기 위해 질서와 전통의 절대성을 재확립하려는 경향이다. '전후'가 무시해 왔던(아니 그렇게 생각함으로써) 역사와 전통을 다시 소생시키고, 심지어 소생을 넘어서 절대화시키면서, 상실된 자신의 아이덴티티의 공간을 채우는 과제가 여기에 해당한다. 문제는 이러한 자세는 미래적인 것이 아닌 과거적·현재적인 것이라는 점에서 우익 혹은 보수와 '직접'적으로 밀접한 관련이 있다. 마루야마의 사상적 동지였던 시미즈 이쿠타로의 궤적은 이를 전형적으로 상징하고 있다.

또다른 경향은 '혼란'과 '폭력'의 일상화를 자연스럽게 여기고, 끊임없는 '영구혁명'을 통해, '진정한', '핵'을 추구하는, 스가의 표현을 빌리자면 '이단'에 대한 신앙이다. 이러한 입장은 '영구적인' '상대화'를 추구하기 때문에 '상실'이 불가능하다고 생각할 수도 있겠지만, 지속적인 상대화는 '방향감각'을 잃게 한다는 점에서, 당사자들이 부인할 것임에도 불구하고, '니힐리즘'과 '허무감'에 빠지게 될 것이다. 이때의 허무감은 그 무언가에 의해서 채워져야한다는 점에서 '그 무엇'에 대한 규명이 반드시 필요하다. 그런데 '그 무엇'이 '이제까지 친숙했던 그 무엇'일 가능성이 높다는 점에서 사상적인 약점으로 작용할 수 있다.

전공투의 학생들을 통해서 '일본적인 문제군'과 직면했던 마루야마 마사오가 바로 그 당시에 전공투 학생을 둘러싼 사상의 숙명적인 결과에 대하여, '지나친 급진주의의 고독'이라는 개념으로 이미 설명을 마쳤다는 점도 '그 무엇'을 이해하려 하는 경우 잊어서는 안될 것이다.

> 혁명의 경험이 없는 국가만큼 혁명에 대한 과도한 기대와 과도한 공포가 존재한다.(丸山眞男, 1998: 43)

> 자기부정이 외쳐지는 시대에, 조국과 민족과 전통으로의 회귀를 주장하는 논조가 눈에 띄게 늘었다. 공교롭게도 양자는 '전후민주주의'의 고발이라는 점에서 손을 잡고있다. 무리도 아니다. '자기부정'이라는 것은 고독한 자기를 참을 수 없게된 자가 타자와의 동일화를 갈구하는 히스테릭한 절규이기 때문에……(丸山眞男, 1998: 271)

이러한 마루야마의 입장은 '근대' 혹은 '전후'에 적대적인 전공투, 포스트모던, 현대 일본의 내셔널리즘의 사상적인 문제군을 마루야마가 당시에 이미 직감하고 있었다는 것을 시사한다는 점에서 흥미롭다. 뿐만 아니라, 앞서도 언급했던 것처럼 '유행하는' 사상에 노출된 '일본적인' 행동 양식의 특수함과 그 역사적 지속성에 대한 마루야마의 통찰력과 안타까움을 동시에 암시하고 있다. 사상사적으로는 '근대'의 문제군에 대한 참신한 비판으로 인식되었던 이들 사상과 행동을 마루야마는 일본사상사라는 통시적인 틀 속에서 상대화하려 했던 것이다. 이들 사상이 안티테제로서 '마루야마'를 의식했을지는 모르지만, 마루야마는 이들 사상에서 현대 일본의 '전전적인' 문제들을 재발견하였다.

필자는 박사논문(노병호, 2006)에서 마루야마 마사오의 '논리'보다는 요시노 사쿠조의 '인간적임'에 끌렸다고 언급하였다. 이러한 필자의 입장은 여전히 변하지 않았다. 그러나 2014년 현재 지속적인 차이와 상대화에 매진함으로써 발생하는 허무주의적인 상황을 '탈취하여' 이를 '강박증적으로' 극복하려 하는 보수적, 우익적 내셔널리즘의 '역사'와 '전통'에 대한 편집광적인 매진에 대해서 2014년판 마루야마 마사오가 여전히 필요하다는 것을 절감하고 있다. 물론 마루야마의 소수자에 대한 입장과 인식의 상대적 결여라는 문제는 여전히 풀어야 할 난제이다. 하지만 이 또한 마루야마의 사상 내부에서 내재적으로 그러나 '끊임없이 격투하며' 풀어야 할 숙제라고 생각한다.

참고문헌

丸山眞男. 1995~1997.《丸山眞男集》(전 17권). 東京: 岩波書店.
丸山眞男. 1997.〈五・十九と知識人の軌跡〉.《丸山眞男集》16. 東京: 岩波書店.
丸山眞男. 1998.〈春曙帖〉.《自己内対話》. 東京: みすず書房.
松沢弘陽 & 植手通有遍. 2006.《丸山眞男回顧談》上. 東京: 岩波書店.
高木正幸. 1985.《全学連と全共闘》. 東京: 講談社.
小阪修平. 2006.《思想としての全共闘世代》. 東京: 筑摩書房.
荒岱介. 2008.《新左翼とは何だったのか》. 東京: 幻冬舎.
昭和史研究会. 1984.《昭和史辞典》. 東京: 講談社.
絓秀実. 2006.《1968年》. 東京: 筑摩書房.
東京大学新聞研究所 & 東大紛争文書研究会. 1969.《東大紛争の記録》. 東京: 日本評論社.
加藤尚武. 1997.《進歩の思想・成熟の思想—21世紀を生きるために》. 東京: 講談社.
長谷川宏. 2001.《丸山真男をどう読むか》. 東京: 講談社.
清水幾太郎. 1960.〈安保闘争の'不幸な主役'〉.《中央公論》9月号. 東京: 中央公論新社.
清水幾太郎. 1975.《わが人生の断片》下. 東京: 文藝春秋.
清水幾太郎. 1993.〈現代思想上・下〉.《清水幾太郎著作集》12. 東京: 講談社.
清水幾太郎. 1993.〈最終講義 オーギューウスト・コント〉.《清水幾太郎著作集》11. 東京: 講談社.
清水幾太郎. 1993.〈六〇年代について〉.《清水幾太郎著作集》11. 東京: 講談社.
谷川雁・吉本隆明・埴谷雄高. 1960.《民主主義の神話—安保闘争の思想的総括》東京: 現代思潮社.
奥武則. 2007.《論壇の戦後史 —1945-1970》. 東京:平凡社.
吉本隆明. 1963.《丸山真男論》(増補改稿版). 東京: 一橋新聞部.
吉本隆明. 1978.〈収拾の論理〉.《吉本隆明著作集》10. 東京: 勁草書房.
吉本隆明. 1978.〈基準の論理〉.《吉本隆明著作集》10. 東京: 勁草書房.
大嶽秀夫. 2007.《新左翼の遺産 ニューレフトからポストモダンへ》. 東京: 東京大学出版会.
盧恩明. 2010.〈ベ平連の反「入管体制」運動—その論理と運動の展開〉.《政治研究》57. 九州: 九州大学出版会.
노병호. 2006.〈吉野作造と丸山眞男:「民本主義」と<永久革命>、その交錯と分裂〉. 京都大学 大学院 人間・環境学研究科.

노병호. 2013. 〈마루야마 마사오의 〈영구혁명〉론—그 사상사적 계보〉. 《동양정치사상사》 제12권 2호. 한국·동양정치사상사학회.
全共鬪白書編集委員会. 1994. 《全共鬪白書》. 東京: 新潮社.
辻井喬. 2008. 《ポスト消費社会のゆくえ》. 東京: 文藝春秋.
北田暁大. 2005. 《嗤う日本の「ナショナリズム」》. 東京: 日本放送出版協会.
大澤真幸. 2003. 〈「ポストモダニスト」吉本隆明〉. 《現代詩手帳》 10月号. 東京: 思潮社.

제6장

마루야마 마사오(丸山眞男)와 후쿠자와 유키치(福沢諭吉)
– 국제 정치관을 중심으로 – *

박홍규(고려대학교)

1
머리말

정치사상(사)가로서의 마루야마 마사오(丸山眞男, 1914~1996)의 제1주제는 국민국가론(근대내셔널리즘)이다. 그것은 자신이 실존하고 있던 동시대의 정치체제를 정당화하는 이데올로기에 대한 비판에서 출발한다. 가루베 다다시(苅部直)는 두 가지 측면을 지적한다.

그것은 한편으로 만세일계의 천황이 통치하는 '국체'라는 이념에 기초하여 정부와 군부가 '만민익찬(萬民翼贊)'이나 '진충봉공(盡忠奉公)' 혹은 '신도실천(臣道實踐)'과 같은 구호들을 통해 위로부터 국민을 동원하는 체제와는 달리, 사람들 개인이 '자주적 인격'을 키워 자신의 판단에

---

* 이 글은 《일본연구》 22집(2014년 8월 말 발행 예정)에 투고되어 현재 심사 진행 중임을 밝힙니다.

따라 '주체'로서 나라의 정치를 담당해가는 체제를 제기한다. 그리고 다른 한편으로는 '국체'에 내재하는 '팔굉일우(八紘一宇, 세계를 하나의 집으로 여기는 것)'라는 이념이 일본 국가의 범위를 넘어서 만주나 남아시아·동남아시아 여러 지역도 포함하는 '대동아공영권'의 지배질서를 정당화하는 데 사용된 것에 비해, 다시 한 번 국민국가를 단위로 하는 건전한 내셔널리즘의 모습을 보여주었다(가루베 다다시, 2011: 91).

이 두 가지 점은 마루야마의 스승인 난바라 시게루(南原繁)와 오카 요시다케(岡義武)가 전시에 공유했던 주장이기도 하지만, 마루야마가 이를 본격적으로 자기화한 계기는 바로 후쿠자와 유키치(福沢諭吉, 1835~1901)와의 지적 대면을 통해서였다. 마루야마에게 후쿠자와는 단지 지적 선행자에 그치지 않았다. 그는 정신적 위안처였으며, 현실로부터의 탈출구였고, 미래의 방향성이었다. 마루야마는 메이지 초기 후쿠자와의 사유와 행동에 자신을 투영시켜가며 자신의 실존과 학문의 활로를 모색했고, 전후에는 본격적으로 후쿠자와의 유산 ― 긍정과 부정의 양 측면을 포함하여 ― 을 계승하고자 하였다.

그러나 후쿠자와에게는 아킬레스건이 있었다. 그의 "국가관과 국제정치관은 근대 일본의 국권 확장에 대한 길을 사상적으로 열어주었다는 비난을 받고있"었고, "실제의 시사(時事)론으로 후쿠자와의 주장을 더듬어가면, 후쿠자와가 메이지 10년대에 국권론으로 중점을 이행시켰다는 점은 도저히 부정할 수 없"었다(마루야마 마사오, 2007: 701). 이 '마마 자국'을 어떻게 처리할 것인가? '후쿠자와 보레(후쿠자와에게 반해버린 것)'를 자인하는 마루야마는 확신에 찬 어조로 다음과 같이 말한다.

그야말로 끝 간 데까지 반해서야 비로소 볼 수 있는 연인의 진실 — 다시 말해 전철의 반대편 좌석에 앉아있는 미인을 보고 있을 뿐인 눈에는, 하물며 처음부터 초월적인 비판의 시선으로 판단하는 자에게는 끝내 도달할 수 없는 — 이라는 것도 있는 것이 아닐까.(마루야마 마사오, 2007: 8)

"끝 간 데까지 반해서 비로소 발견한 대상의 진실은 설령 한동안의 열기가 식어버린다 해도 지속적인 각인으로 그 사람의 뇌리와 가슴 깊은 곳에 남는 것"이라고 말하는 마루야마는 1986년에 《'문명론의 개략'을 읽는다》를 출판하게 된다(이하 《읽는다》로 약칭함). 이는 마루야마 생존 중의 최후 작품이며, 거기서 그는 사신의 뇌리와 가슴에 남겨진 각인을 유감없이 펼쳐 내보였다.

이 글에서는 '완전히 반해 버린 연인에게는 분명 상대방의 마마자국도 보조개로 보일 위험이 있다'(마루야마 마사오, 2007: 8)는 것을 잘 알고 있던 마루야마가 '후쿠자와 보레'라는 위험한 사유에 도사리고 있는 함정에 빠지지 않고 과연 '연인의 진실'을 보았는지를 살펴보고자 한다. 물론 전철의 반대편 좌석에 앉아 초월적 비판의 시선으로 마루야마를 판단하지는 않을것이다. 마루야마가 《읽는다》에서 주장하고 구사한 내재적 이해의 방법에 따라, 마루야마를 통해 마루야마를 읽고자 할 것이다. 이 글은 《후쿠자와 유키치 선집》 제4권의 〈해제〉를 기축으로 하여 분석을 시도한다. 마루야마의 후쿠자와에 대한 각인은 이 〈해제〉에 선명하게 드러나 있기 때문이다.[1]

---

[1] 《읽는다》는 〈해제〉에서의 논점으로부터 거의 변화가 없다. 단, 한 가지 중요한 변화가 있는데 그것은 뒤의 본

2
1952년의 〈해제〉

마루야마는 1952년에 간행된 《후쿠자와 유키치 선집》 제4권에 〈해제〉를 썼다. 그 머리말에서 마루야마는 다음과 같이 말한다.

> 나는 이하의 해제에서 하나하나의 논저에 대해 그 내용을 설명하는 보통의 방법을 취하지 않고, 후쿠자와의 다양한 정치론의 근간을 이루는 이론적 입장을 국내 정치와 국제 정치의 양면에서 개설하여, 독자가 이 책의 본문을 읽을 때 개개의 발언이 후쿠자와의 정치사상 전체 속에서 어떤 위치를 차지하고 있는가를 얼마간이라도 알 수 있도록 주의를 기울였다.(丸山眞男, 2001: 119~120)

마루야마는 이어서 "이러한 방법은 그(후쿠자와)의 정치론이 상황적 발언이라는 사실과 일견 모순되는 듯이 생각되지만, 상황적 사고라는 것은 무원칙적 기회주의와는 전혀 다르다."라고 하면서, 후쿠자와 정치론의 근간을 이루는 이론적 입장(원칙)을 확실히 설정함으로써 상황적 발언과 연관관계가 선명하게 부각될 것이라고 말한다(丸山眞男, 2001: 120).

먼저 그는 국내 정치의 원칙으로 두 가지를 들고 있는데, 하나는 정치권력 기능의 한정이고, 다른 하나는 그렇게 한정된 범위 내에서의 권

문에서 다룬다.

력의 집약화이다. 마루야마에 따르면 이 두 원칙은 서로 모순하지 않으며 후쿠자와의 전 생애에 걸쳐 일관되게 작용하고 있다. 기능의 한정이란 정부 혹은 정치권력의 존재 근거가 인민의 기본적 인권을 옹호하는 데 있다는 것이다. 이는 개인의 사적 이익추구를 중시하는 전형적인 시민적 자유주의 정치관이다. 후쿠자와가 일관되게 역설한 것은 경제, 학문, 교육, 종교 등 각 영역에서 인민의 다양하고 자주적인 활동이었고, 그가 일관되게 배제한 것은 이러한 시민사회 영역으로 정치권력이 침범하여 간섭하는 일이었다. 그러나 정부 기능의 한정이란 추호도 통치기구의 이완이나 비능률을 옹호하는 것은 아니다. 오히려 그는 통일성과 능률성을 갖춘 강한 정부를 지지한다. 이것은 결코 정부권력이 작용하는 범위가 광범위로 확대되는 것을 의미하지 않으며, 정권을 한 곳으로 통괄하는 것, 다시 말하자면 정치 리더십의 확립을 의미한다. 이것이 권력 집약화의 원칙이다.

한편에서 인권(또는 私權)의 확립에 기반을 둔 인민의 다원적 자발적 활동과, 다른 한편에서 정권(또는 公權)의 확립에 기반을 둔 일원적 지도성, 이양자가 분업의 원칙에 따라 서로 침해하지 않고 서로 대항하고 평형을 유지하면서 공존하는 것, 바로 거기에서 후쿠자와는 국권(國權)의 진보 발전을 가능케하는 원천(源泉)을 보았다(丸山眞男, 2001: 125).

이러한 후쿠자와의 원칙론에서 마루야마는 주의해야 할 점을 지적한다. 후쿠자와는 어떤 상황에서도 국권과 정권을 혼동하여 동일시한 적이 없었다. 후쿠자와가 국권을 말할 때는 늘 정권과 인권이 가진 에너지의 총화를 의미하였고, 그 용례는 거의 대외 관계에서만 사용되고 있다는 것이다. 따라서 마루야마는 후쿠자와의 이론에서 국내 정치의 원리가 견고하게 지켜지고 있음을 다음과 같이 말한다.

> 후쿠자와의 논리가 국내 관계와 국제 관계에서 분열하고, 게다가 후자가 시종 전자보다 우선하고 있다는 것이 실로 후쿠자와 사상의 전체계에 존재하는 아킬레스건이었지만, 후쿠자와의 국권론이 최고조에 달한 경우에조차도 정치권력의 대내적 한계에 관한 그의 원칙은 조금도 깨지지 않았다.(丸山眞男, 2001: 125)

이상의 국내 정치의 원리는 비록 구체적인 상황에서 강조점이 달라질 때도 있지만, 대체적으로는 연속성을 갖고 있다. 하지만 같은 상황적 사고를 하고 있음에도 국제 정치영역에서의 모습은 국내 정치와는 다르다. 국제 정치의 경우에는 구체적인 상황에 대한 처방전의 변화에 그치지 않고 기저의 논리(근간을 이루는 이론적 입장) 자체가 변화하기도 하는 것이다. 국제 정치적 관점이 일관되게 우위를 점하고 있기에 국제 정치론의 추이는 필연적으로 국내 정치론에 영향을 미치게 된다(丸山眞男, 2001: 142). 그렇다면 후쿠자와에게서 국제 정치의 기저 논리는 어떤 변화의 추이를 보였는가?

후쿠자와의 국제 사회관은 《학문의 권장》(1872년에서 1876년까지 전 17편이 간행됨)을 저술할 때까지는 대체로 계몽적 자연법에 근거하여 국내 사회관과 일치하고 있다. 즉 개인 간의 평등과 국가 간의 평등이 병행적으로 논의되고 있다. 이때의 평등은 사실적 강약 관계와 무관한 권의(權義, right)의 평등을 의미한다. 만국공법은 실로 이러한 자연법적 규범이 실정법화한 것으로 간주되었다(丸山眞男, 2001: 143). 그러나 더 중요한 것은 개인의 자유 독립과 국가의 그것이 단순히 유추에 의해 평행적으로 설명될 뿐만이 아니라는 것이다. '일신 독립하여 일국 독립함'이라는 유명한 명제가 제시하듯이, 양자 간에는 필연적인 내적 관련성이 있다. 국내에서 국민이 억압으로부터 해방되는 것은 국제 사회에서 독립을 확보하는 전제조건이라는 것이다(丸山眞男, 2001: 144~145). 따라서 개인적 자유와 국민적 독립, 국민적 독립과 국제적 평등은 완전히 같은 원리가 관철되어 절묘한 평형을 유지하고 있다. 이것이 후쿠자와 내셔널리즘, 아니 일본 근대 내셔널리즘에서 아름다웠지만 박명(薄命)했던 고전적 균형의 시대였다(丸山眞男, 2001: 145).

그러나 불행히도 이러한 자연법에 근거한 균형은 후쿠자와에게 오래 가지 못하였다. 1876년 《문명론의 개략》을 저술하고(이하 《개략》으로 약칭함) 얼마 후인 1878년에 《통속민권론》과 《통속국권론》을 썼을 때, 후쿠자와의 국제사회 논리는 이미 자연법으로부터 이탈해버렸다(丸山眞男, 2001: 145). 그는 《통속국권론》에서 "화친 조약이든 만국공법이든 무척 아름답기는 하지만, 단지 외면의 의식(儀式)과 명목에 불과해, 교제의 실질은 권위를 다투고 이익을 탐하는 데 불과하다. …… 백권의 만국공법은 몇 문의 대포만 못하고, 몇 권의 화친조약은 한 통의 탄약만 못하다. 대포와 탄약은 있는 도리를 주장하기 위한 준비가 아니라, 없는 도리를 만들어 내는 기계다."라는 노골적인 권력 정치관을 피력한 것이다. 국제 사회에서 도리의 부정, 즉 국내 사회관과 국제 사회관의 균열이 발생한 것이다(丸山眞男, 2001: 146). 먹느냐 먹히느냐는 긴박한 힘의 논리가 지배하는 국제 사회에서 후쿠자와는 자국의 정치적 실존을 온전히 하는 것이야말로 국제적 행동의 제1 원리가 될 수밖에 없다는 국가 이성(raison d'État)의 논리를 인식하기에 이르렀다(丸山眞男, 2001: 148).[2] 마루야마는 후쿠자와의 국제정치론이 자연법사상에서 국가이성의 입장으로 변화(비약, 급격한 선회)하는 데 내면적 근거와 외부적 계기가 있었다고 설명한다.

문명론자인 후쿠자와는 "서양제국의 사회는 합리주의 사회로 도리 또는 지혜의 조직으로 성립된 것이다. 그리고 오늘날의 문명은 지혜의 문명으로 결단코 정실(情實)의 운동을 허용하지 않는다."라고 하였듯이 합리적인 것(道理)이 비합리적인 것(私情)을 구축(驅逐)하고 정복해가는 과정은 바로 그가 일생을 걸고 추구했던 문명의 진보였다. 그러나 국가 이성이 지배하는 국제사회에서는 그가 구축하고자 했던 사정(私情), 바로 자국에 대한 편파심, 보국심에 입각하여 행위를 할 수 밖에 없다는 것이 후쿠자와의 선회였다. 마루야마는 이러한 선회가 후쿠자와가 국제 사회에서의 압도적인 비합리적 현실에 직면하여, 합리성의 가치적 우월성을 인정하면서도 비합리적인 편파심에서 국민적 독립의 추진력을 찾았던 것이라고 설명하고 추론하고 있다.

> 그에게 있어 비합리적인 것이 굳이 미화되거나 합리화되는 일은 없었다. 그는 비합리적인 것을 어디까지나 비합리적인 것으로 간주하면서, 그 안에 잠재된 생명력이 어떤 조건하에서는 도리어 객관적으로 합리적인 결과를 산출하는 역설

---

[2] 《문명론의 개략》은 《학문의 권장》에서 《통속민권론》과 《통속국권론》으로의 선회에서 중간에 위치한 작품으로 자연법적 규범주의와 국가이성 사상이 교착하고 있다고 마루야마는 설명한다(丸山眞男, 2001: 148~149).

적 사실에 착안했던 것이다. 그리고 이것이야 말로 후쿠자와의 국가 이성에 관한 입장을 지탱하는 내면적인 근거였다.³(丸山眞男, 2001: 150~151)

이러한 마루야마의 설명은 무엇을 의도하는 것인가? '합리성의 가치적 우월성의 인정'과 '역설적 사실' 두 가지를 통해 그 의도를 찾아보자. 전환의 중간 지점에 해당하는 《문명론의 개략》에서 후쿠자와는 분명히 합리성의 우월성을 인정하고 있다. 후쿠자와는 한편으로는 당시의 일본은 서구의 문명국을 향해 매진해야 한다고 하면서도, 다른 한편으로는 당시의 서구 문명국에서 드러나는 비합리적인 모습에 대해 비판적인 관점을 견지한다. 서구는 당시의 일본보다 더 합리석인 사회임이 분명하지만, 당시의 서구도 앞으로 달성되어야 할 진정으로 합리적인 문명 사회에 비하자면 비합리적인 사회라고 할 수 있다. 미개(未開)-반개(半開)-당시의 서구문명-진정한 문명이라는 진보관은 합리성의 가치적 우월성을 인정하는 것이다. 일본보다 서구문명국을 우월시하고, 서구문명국보다 진정한 문명 상태를 설정하고 있다는 점에서 후쿠자와는 합리성의 우월성을 언제나 인정하고 있다. 국제 사회에서의 압도적인 비합리적 현실에 직면하여 비합리적인 편파심에서 국민적 독립의 추진력을 찾고 있으면서도 후쿠자와는 결코 합리성의 가치적 우월성을 포기하지 않았다.

계몽적 자연법의 입장⁴은 '합리적인 것(원인)이 합리적인 결과를 낳는

---
3 이 인용문은 마루야마가 후쿠자와의 국제 정치관을 해명하는 핵심 부분이라고 생각한다. 이 글은 이 문장에 대한 비판적 분석을 통해 전개된다.
4 이는 이념적 가치를 중시하고 비합리적인 현실에 저항하는 인간의 부단한 노력을 강조한다.

다'는 가정에 입각하며, 그리고 비합리적인 것에서는 비합리적인 결과가 산출되는 것이 당연한 것으로 설정되어 있다. 그러나 실제 현실은 그렇지 않아서 합리적인 것에서 비합리적인 결과가 나오기도 하고, 비합리적인 것에서 합리적인 결과가 나오기도 한다. 마루야마는 이것을 '역설적'이라고 하는데, 이때 역설적이라는 것은 계몽적 자연법의 규범론에 비추어 보자면 역설적이라는 의미이다. 어떤 사상가가 자연법의 규범론이 배제하고 있는, 합리적인 것에서 비합리적인 결과가 나오고 비합리적인 것에서 합리적인 결과가 나오는 두 측면에 착안하여 자신의 입론 근거로 삼는다면 그를 '현실주의자'라고 부를 수 있을 것이다. 그러나 거기에는 두 가지 부류의 현실주의자가 있을 수 있다. 규범론을 인정하는 현실주의자와 인정하지 않는 현실주의자이다. 마루야마가 사랑하는 후쿠자와가 후자일 리가 없다. 따라서 마루야마는 후쿠자와가 한편으로 합리성의 가치적 우월성을 인정하면서 동시에 비합리적인 사정(私情)의 필요성을 주장했다고 설명하였다.

후쿠자와는 분명 규범론에서 현실론으로 변화하였다. 그러나 그렇다고해서 규범론을 포기한 것도 아니다. 규범론을 인정하면서 현실론을 펼치고 있다. 후쿠자와 국제 정치론의 변화에 대한 설명에서 마루야마가 말하고자 한 것은 후쿠자와가 오로지 국가 이성만을 자신의 입론을 기반으로 하는 적나라한 현실주의자가 아니라, 규범론을 한쪽에서 유지하는 현실주의자라는 것이다.[5] 다음으로 '역설적 사실'에 대해 음미해 보자.

---

[5] 마루야마는 '리얼리즘' 또는 '정치적 리얼리즘'이라고 한다. 후쿠자와의 국제 정치관 변화의 과정을 정치적 리얼리즘의 관점에서 해명하는 것이 〈해제〉에서의 핵심 주장이다. 이에 대해서는 후술한다.

3
역설적 사실

앞의 '역설적 사실'을 기술하면서 마루야마는 "후쿠자와의 사상에서 합리적 계기와 비합리적 계기의 얽힘은 그의 인간론에 깊이 뿌리내리고 있다."(丸山眞男, 2001: 150)고 언급하였는데, '합리적 계기와 비합리적 계기의 얽힘'이라는 사고방식은 모토오리 노리나가(本居宣長, 1968: 1730~1801)에게서 발견할 수 있다.

노리나가는 《고사기전(古事記傳)》(神代五之卷, 三柱貴御子御事依の段)에서 선과 악, 길과 흉의 계기성에 대해 논한다. 노리나가는 인간의 일은 신대(神代)의 이치에 근거하여 이해해야 한다고 말한다.

> 무릇 세상의 모습은 그 시대 그 시대마다 좋은 일(吉善事)과 나쁜 일(凶惡事)이 차례 차례 교차하며 이어지는데, 이런 이치(理)는 큰 일이든 작은 일이든 모두 이 신대의 처음 취지에 따른 것이다.(本居宣長, 1968: 294)

좋은 일과 나쁜 일이 교차하며 이어지는 신대의 취지를 노리나가는 다음과 같이 설명한다. 이자나기·이자나미 두 신이 부부 행위로 여러 나라와 신들이 탄생하는 것은 좋은 일인데(여기까지가 좋은 일), 여신인 이자나미가 죽자 나쁜 일이 시작된다. 나쁜 일들이 발생함으로 인하여 여신이 황천의 나라로 가서 영원히 머무르게 되는데, 이 황천의 나라는 나쁜 일의 귀결처이자 동시에 나쁜 일이 발생하는 곳이다. 이어서 남신인 이자나기가 황천으로 쫓아가서 더러움(부정함, 불결함)에 접하게 되자 세상의 모든 것이 나쁘게 되었다(여기까지가 나쁜 일로의 전이). 그러나 남신은 곧 현실의 국토로 돌아와서 더러움을 씻어낸다. 이것은 나쁜 것에서 좋은 것으로 옮겨간 것이고, 좋은 일을 행해야 하는 인간의 도(道)는 바로 이 이치에서 온 것이다. 그리고 나쁜 상태를 깨끗이 씻어 낸 남신은 세 명의 귀중한 자식을 얻게된다. 그 후 세 자식 중 한 명인 아마테라스 오미카미(天照大御神)가 다카마노하라(高天の原)를 통치하게 되어 다시 완전히 좋은 세상으로 돌아온다(여기까지가 다시 좋은 일).

노리나가에 따르면 고금을 통하여 치란과 길흉이 교차하며 전이해가는 만사의 이치는 모두 《고사기전》〈신대〉의 이 단락의 취지에 따른 것이다. 따라서 세상 현상의 모든 일에도 좋은 것에서 나쁜 것이 생기고 나쁜 것에서 좋은 것이 생기면서 서로 이어가는 이치를 이해해야 한다. 또한 나쁜 것이 있어도 결국 좋은 것에는 이기지 못하며, 나아가 인간은 반드시 나쁜 것을 싫어하고 좋은 것을 행하지 않으면 안 된다는 이치도 알아야 한다. 이러한 이치는 기묘하고, 신비롭고, 영묘(靈妙)한 것으로 세상의 만사 중에는 이 이치에서 벗어나는 것은 없다.

그러나 일본 신대(神代)의 영묘한 이치를 이해하지 못하는 자들이 있는데, 노리나가는 이들을 '가라고코로(漢意)'에 침윤된 자들이라고 비판한다. 가라고코로란 중국식 사고방식으로, 선악과 시비를 엄격하게 구분하여 악을 멀리하고 선을 따르며 시(是)를 추구하고 비(非)를 배척하는 주자학적 합리주의를 주로 지칭한다. 노리나가는 주자학 모럴리즘의 논리 자체에 내재해 있거나 현실의 주자학자들이 보여주는 위선과 허위를 공격하기 위해 이 개념을 사용하였다. 노리나가는 중국적 합리주의가 가진 이데올로기적 특성을 포착하여 배격하고, 그 대신에 일본인의 순수함에 근거한 신묘한 이치를 찾아내어 일본의 신도(神道)를 창출했다.

이상의 《고사기전》의 내용을 사실 마루야마는 〈역사의식의 고층(古層)〉(1972)의 서두에서 언급하고 있다. 그는 노리나가의 이 명제가 얼핏 보기만큼 비역사적이지 않으며, 오히려 구체적인 문맥 속에서는 "의도하지 않은 결과의 출현"이라든지, 사건의 '의미'가 역사 과정에서 역전(逆轉)되는 현상 등 역사 철학에서의 중요한 문제라고 지적하면서, 자신의 저술 의도를 밝힌다.

> 주로, 이른바 《고사기》나 《일본서기》의 신화, 특히 그 첫머리의 하늘과 땅이 열리는 것으로부터 세 명의 귀한 자식의 탄생에 이르는 일련의 신화에서 단순히 상고(上古)시대 역사의식의 소재를 찾는 데 머물지 않고서, 그 곳에서의 발상(發想)과 기술(記述) 양식에서 근대에 이르는 역사의식의 전개 양상의 밑바닥에 집요하게 흘러온 사고의 틀을 찾아보려는 것이 이 글의 출발점이다.(마루야마 마사오, 1998: 308)

마루야마는 신화의 첫머리 서술에서 발상 양식의 세 가지 기초범주(成る, 次ぎ, 勢い)를 추출해내어 그것을 '역사의식의 고층'이라 부르고, 그것이 '고대 이래 일본의 역사 서술이나 역사적 사건에 대한 접근 방식의 밑바닥에, 은밀히 혹은 소리높게 울려 퍼져온, 집요한 지속저음(持續低音, basso astinato)'(마루야마 마사오, 1998: 310)으로 작용하고 있다고 설명한다. 나루(成る)는 되다, 쓰기(次ぎ)는 잇다, 이키오이(勢い)는 추세로, 이를 하나의 구절로 정리해 본다면 '쓰기쓰기 나리유쿠 이키오이(次ぎ次ぎ成り行く勢い)', 즉 '잇달아 되어가는 추세'가 된다(마루야마 마사오, 1998: 350). 이러한 계보적 연속에서의 무궁함(無窮性)이 일본의 역사 의식의 고층에서 영원자(永遠者)의 위치를 차지하고 있고 거기서 일본형 '영원의 지금'이 구성되었다고 마루야마는 본다(마루야마 마사오, 1998: 370). 이런 무궁함은 시간 자체를 초월한 것은 아니며 시간의 무한한 직선적인 연장 위에 위치한다는 점에서는 참된 영원성과는 다르지만, 가라고코로(漢意), 호토케고코로(佛意, 불교식 사고), 에비스고코로(洋意, 서양식 사고)에서 유래하는 영원상(永遠像)에 촉발될 때, 그것과의 마찰이나 삐걱거림을 통해서 그 같은 고층은 역사적인 과의식이나 변동의 역학을 발육시키는 적절한 토양이 되었다고 마루야마는 주장한다(마루야마 마사오, 1998: 370).

마루야마의 고층론은 역사 의식만이 아니라, 윤리 의식과 정치 의식에 대한 분석도 포함하고 있는데, 항상 그때마다의 시대상 속에서 생성 에너지의 충만함을 보는 역사관이나, 공동체의 질서를 배반하는 것을 죄로 여기는 윤리의식, 나아가 통치활동을 지배 기구상의 상위자를 향한 봉사로서 파악하는 마쓰리고토(정치를 의미함)의 발상 등이 고대로부터 쭉 일본인 사고의 저류에 흐르고 있다는 것이다(가루베 다다시, 2011: 179).

연구사적으로 본다면 이것은 전전·전시 중에 기히라 다다요시(紀平正美)나 미쓰이 고시(三井甲之) 등이 주장한 일본 정신론이 나와쓰지 데쓰로(和辻哲郎)의 윤리사상 연구에서 일본 사상의 특성으로서 거론된 점들을 다시 한 번 정리한 것에 지나지 않는다. 그러나 '일본적인 것'을 말하는 논자들이 일본 사상의 우수성을 나타내는 것으로서 논한 여러 요소를 마루야마는 오히려 극복해야 할 문제점으로서 다시 부각시키고 있다(가루베 다다시, 2011: 179~180). 즉 고층론은 "일본인의 하부 의식의 세계에 뿌리 깊게 남아있는 고대로부터의 사고양식을 명확히 인식하고, 그 문제성을 극복해보려는 의도에서 태어난 분석틀이다."(가루베 다다시, 2011: 179).

에도시대에 주자학적 합리주의가 일본의 정치사회의 원리로서 확고하게 뿌리를 내리지 못하고 결국 노리나가의 국학이 발생한 것, 메이지 유신 이후 자유민주주의가 실현되지 못하고 초국가주의로 전이되어 간 것 등에서 마루야마는 일본적 고층이 작용하여 합리적 보편사상의 전개를 저해한 것으로 보았다. 전후 자유민주주의를 추구하고 실현해 가는 것을 자신의 임무로 설정한 마루야마는 실로 그러한 고층의 작용을 어떻게 극복할 것인지를 궁리하게 된 것이다. 그렇다면 이러한 마루야마의 고층론으로 후쿠자와의 자연법적 규범론에서 국가 이성의 사상으로의 변화에 대한 마루야마의 설명을 다시 검토해 본다면 어떻게 될까?

후쿠자와가 "그(비합리적인 것) 안에 잠재된 생명력이 어떤 조건하에서는 도리어 객관적으로 합리적인 결과를 산출하는 역설적 사실에 착목했"다는 마루야마의 설명이 맞다고 한다면, 이는 마루야마가 극복하고자 하였던 고층이 다른 사람도 아닌 '사랑하는' 후쿠자와에게서 발현한 것으로 볼 수 있지 않을까? 자연법적 규범론에서 벗어난 '후쿠자와의 국가이성에 관한 입장을 지탱하는 내면적 근거'란 바로 고층의식이라고 할 수 있지 않을까? 그렇다면 그런 후쿠자와는 극복해야 할, 다분히 문제성을 지닌 사상가가 아닌가? 그러나 마루야마는 고층론을 주장한 이후에도 후쿠자와에 대한 사랑을 철회하지 않았다. 아니 오히려 그의 사랑은 더욱 깊어져만 갔다.

4
권도론

후쿠자와로 하여금 자연법에서 국가 이성으로 급격히 선회토록 한 외부적 계기는 당시 일본을 둘러싼 국제환경이었다. 당시 유럽 제국주의의 창 끝은 동양 제국을 겨누고 있었다. 페르시아, 인도, 샴(태국), 루손(필리핀), 자와(인도네시아) 등 이제 제국주의의 먹이가 되어 버린 현실에서, 자연법이나 국제법 및 세력균형(balance of power)은 기독교 국가들 사이에만 적용될 뿐 후쿠자와는 동양 세계에는 적용되지 않는 현실을 통감하고 있었으며, 국가의 독립을 유지하느냐 못하느냐의 이분법적 상황에 직면한 일본의 현실을 깊이 우려하고 있었다(丸山眞男, 2001: 151~153).

이상의 내외의 두 계기를 통해 후쿠자와는 국가이성에 대한 조숙한 성장을 이루게 되었고, 필연적으로 본래 의미의 마키아벨리즘을 수반하게 되었다. 마루야마는 다음과 같이 후쿠자와의 말을 인용한다.

> 남이 어리석게 행동하면 나도 역시 어리석게 대응하지 않을 수 없다. 남이 폭력적이면 나도 역시 폭력적이다. 남이 권모

술수를 사용하면 나도 역시 사용한다. 어리석음이든 폭력이
든 권모술수든 전력을 다해 구사할 뿐 정론(正論)을 돌아볼
겨를이 없다. …… 국권론이 권도(權道)라는 것은 바로 이것
을 이름이니, 우리는 권도를 따르는 자이다(《時事小言》).(丸山
真男, 2001: 151~153)

후쿠자와가 만국공법을 정론으로, 국권론을 권도로 보고 있음을 알수 있다. 나아가 후쿠자와는 비록 자신이 국권론을 주장한다고 해도 그로 인해 정론을 부정하는 것은 아니라는 것을 강변하고 있는 것이리라. 그러나 후쿠자와의 국권론이 과연 권도론으로 합리화가 가능할까?

원래 권도란 경노(經道)와 짝이 되는 개념이다. 경도는 시간과 장소를 가리지 않고 언제나 타당한 불변의 원리, 원칙, 도리로 인간이 반드시 따라야 한다. 오륜(五倫)·오상(五常, 仁義禮智信)·왕도(王道)·인정(仁政) 등이 바로 그것이다. 반면, 경도를 실행할 수 없는, 또는 경도를 실행할 경우 오히려 사태를 악화시킬 수 있는 상황에서 어쩔 수 없이 사용하는 것이 권도이다. 권도의 고전적인 예가 바로 《맹자》에 나오는 물에 빠진 형수를 구하기 위해 형수에게 손을 내미는 행위이다. 원래, 형수의 손을 잡는 것은 안되지만 매우 급한 상황이기에 어쩔 수 없다는 것이다. 탕왕과 무왕의 방벌론도 권도의 전형적인 예이다. 원래 신하는 군주를 시해해서는 안되지만, 평천하를 실현하기 위해서는 어쩔 수 없이 폭군을 몰아 낼 수 있다는 것이다. 이러한 고전의 권도론과 후쿠자와가 말하는 권도론을 비교해보자.

유교 본래의 권도는 그 행위를 통해 '의(義)'를 실현한다는 전제가 있

다. 그것은 단순히 이익(利)을 얻기 위한 것이 아니다. 게다가 그 의(義)는 행위자는 물론, 행위의 대상자에게도 적용되어야 한다. 형수에게 손을 내미는 행위는 이익을 위한 것이 아니라 형수의 생명을 구한다는 의리를 전제로 한 행위이고, 그 의리는 상대인 형수에게 적용된다. 폭군을 방벌하기 위해 폭력을 구사하는 것은 천하의 태평을 실현한다는 의리를 전제로 한 것이고, 그 의리의 시혜자는 인민은 물론 폭군 자신까지도 포함된다.

그러나 후쿠자와가 언급한 국권을 위한 권도는 이와는 다르다. 우선 국권의 신장을 위한 행위는 의리를 실현한다는 전제가 없으며, 오직 이익을 다투는 현실 속에서 자신도 생존을 구하려는 방책일 뿐이다. 어리석음, 폭력, 권모술수는 서로 간에 생존을 위한 이익다툼의 수단으로써 구사되는 것이다. 따라서 이 경우는 무도(無道)한 세상에서 살아남기 위해 사술(邪術)을 구사하는 것일 뿐이며, 이러한 사술은 정도(正道)와 전혀 상관이 없다. 후쿠자와는 '국가의 독립을 위해서라고' 말할지도 모른다. 그러나 후쿠자와가 말하는 국가의 독립은 그 국가만의 이익일 뿐이고, 게다가 자국의 독립을 위해서는 상대국의 독립은 아랑곳하지 않는 일방주의에 불과하여, 상대국가까지 포함하는 대의, 도리의 관념은 없다. 혹은 국권 확장을 통한 일본의 독립이 문명화된 세계평화로 이어지리라는 생각을 후쿠자와는 품고 있었다고 볼 수는 있다. '그(비합리적인 것, 국권론) 안에 잠재된 생명력이 어떤 조건하에서는 도리어 객관적으로 합리적인 결과(세계평화)를 산출하는 역설적 사실에 착안했'다는 마루야마식 설명이 타당하다면 말이다.

치열하게 유학을 비판한 것으로 알려진 후쿠자와가 하필 이 대목에서 유학적 프레임을 차용한 것은 의심의 여지가 있다. 실상 그의 권도론은 유학의 본래 취지와는 상관없는 후쿠자와식 권도론, 즉 정론과의 긴장관계가 상실된 권도론이다. 후쿠자와가 본래의 의미를 알고 있으면서 그렇게 사용하고 있는지 어떤지는 알 수 없지만, 적어도 국권론을 권도론으로 포장하는 것은 설득력이 없다는 것은 분명하다. 문제는 마루야마다. 원리론보다는 상황론과 시사론에 능한 후쿠자와는 그렇다 치더라도 원리론에 중점을 두고 있는 마루야마가 후쿠자와의 변신에 응하는 의중은 무엇일까? 마루야마가 후쿠자와를 해명하는 논리를 좀더 살펴보자. 마루야마는 후쿠자와가 주장하는 권도론을 마키아벨리즘과 연결하여 설명한다.

> 마키아벨리가 "사악한 행동을 권한 경우, 그는 그러한 행동으로부터 사악하다는 평가를 지워버리려고는 결코 생각하지 않았고, 또한 결코 위선적인 꾸밈을 하려고 하지도 않았(F. Meinecke, Die Idee der Staatsräson, 1924, S. 41)"던 것과 마찬가지로, 후쿠자와의 경우에도 아무리 그가 국권 확장을 소리높여 주장하던 때에도 그러한 국가 행동과 자연법적 가치 규준 사이의 긴장관계를 의식하고 있었다.(丸山眞男, 2001: 154~155)

후쿠자와가 그런 긴장관계를 의식하고 있었다는 예로, "세계 각국이 서로 대치하여 탐하려는 상황은 금수가 만나 서로 잡아먹으려는 것과 다를 바 없다. 이 점에서 본다면 우리 일본국도 금수 중의 한 나라로 피차 간에 의지할 것은 금수의 힘(獸力)뿐이다.", "조선의 내정개혁을 위해 차관을 제공한 것도 의협(義俠)에 의한 것이 아니라 우리의 이익(自利)을 위해서이다.", "우리가 바라는 바는 압제에서 벗어나 오직 우리만이 세계를 상대로 압제를 실행하는 것이라고 말할 때도 후쿠자와는 영국인을 노예처럼 부리는 몽상을 혈기의 수심(獸心)이라고 부르고 있다." 등을 마루야마는 거론하고 있다(丸山眞男, 2001: 155).

> 나아가 마루야마는 후쿠자와가 국권론과 정론 사이, 국가 행동과 자연법적 가치 규준사이, 의협과 자리(自利) 사이의 긴장관계를 의식하고 있었다는 것에 주목하여, 막스베버의 개념을 빌어 후쿠자와를 '깨어있는 정신의 소유자'로 표현하고 있다.(丸山眞男, 2001: 156)

이상과 같은 설명을 통해 마루야마는 비록 후쿠자와가 자연법적 규범론에서 국가 이성의 사상으로 변화한 것은 사실이지만, 그는 결코 적나라한 현실주의자가 아니었다고 주장하며, 마키아벨리와 베버의 이론을 동원하여 후쿠자와가 악을 악으로써 인정하고 규범론과 현실론 사이의 긴장관계를 끊임없이 의식하는 깨어있는 사상가였다는 것을 피력하고 있다. 논리가 빈곤한 후쿠자와의 권도론은 마루야마의 화장을 통해 그럴듯하게 포장되었다. 하지만 마루야마는 정말로 후쿠자와의 '마마 자국'을 지우는 데 성공한 것일까?

5
본위론

후쿠자와의 내셔널리즘은 '일신독립하여, 일국독립함'이란 테제에서 출발하였다. 그러나 계몽적 자연법에 기반을 둔 이 테제는 점증하는 제국주의의 압박 속에서 국가의 독립을 보존해야 한다는 긴박한 현실적 상황에 직면하여, 양자의 균형이 깨지고 점차 후자의 중요성이 부각되어갔다.[6] 이러한 논리 변화를 정당화하기 위해 후쿠자와는 《개략》에서 두 가지 장치를 사용하였다. 하나는 본위론(이념의 극단화)이고, 다른 하나는 단계론의 설정이다.

《개략》의 기본명제는 인류는 문명을 향해 진보한다는 것이다. 구체적으로 말하자면 미개에서 반개로, 반개에서 당시의 서구문명으로, 그리고 진정한 문명으로 수준을 높여간다는 것이다. 본위론이란 비록 '인류가 실로 도달해야 할 문명의 본래의 취지'(후쿠자와 유키치, 2012: 400)인 '최후·최상의 큰 목표'(후쿠자와 유키치, 2012: 404), 즉 진정한 문명을 지향하더라도 현재 상황에서 달성해야 할 우선적 과제(본위)를 먼저 설정해야한다는 것이다. 후쿠자와는 일본의 독립이 그것이라고 주장한다. 여기서 주목해야 할 점은 후쿠자와는 이 주장의 설득력을 확보하기 위해 이념을 '극단화'시키고 있다는 것이다.

기독교를 인류가 진실로 의거해야 할 큰 목표로서 설정하고(후쿠자와 유키치, 2012: 363), 그 교리를 확산시켜 정치에 영향을 주어 국가 독립의 기초를 세우려 하는(후쿠자와 유키치, 2012: 364) 설에 대해, 후쿠자와

---

[6] 마루야마의 표현에 따른다면 계몽적 자연법에서 국가 이성의 인식으로의 변화(비약, 선회)이다.

는 "종교는 광대하기에 지나치고, 착하고 아름답기에 지나치고, 고원하기에 지나치고, 공평하기에 지나치다. 반면 각국이 대립하는 양상은 도량이 좁기에 지나치고, 비열하기에 지나치고, 천박한 견식이기에 지나치고, 편파적이기에 지나쳐서, 양쪽 모두 맞닿을 수 없다."(후쿠자와 유키치, 2012: 368)라고 논박하면서, 지금 세계와 일본의 실정에서 일시동인(一視同仁)·사해형제(四海兄弟)의 대의와 보국진충(報國盡忠)·건국독립(建國獨立)의 대의는 서로 양립할 수 없다고 단정한다. 이때 후쿠자와는 기독교의 이념과 국제 정치의 현실을 극단적 이분법으로 대치시킴으로써 이념과 현실 사이의 긴장성을 소멸시켜버려, 어느 한쪽으로의 선택을 강압한다. 물론 후쿠자와의 의도가 현실로의 귀착을 정당화하려는 것에 있음은 말할 필요도 없다. 천지의 공도(만국공법, 계몽적 자연법)가 독립 보존을 위해 제거당하는 것도 이와 같은 논법에 의해서이다.

> 그런데도 동서의 간격, 전혀 다른 지역에서 태어난 서양사람에 대해서 그 교제에 '천지의 공도'에 의존한다 함은 과연 무슨 심사이더냐. 멍청한 짓도 정도가 심하다. 속된 말로 이른바 우직한 사람의 논의라 할 수 있을 뿐, 천지의 공도는 물론 우러러 사모할 만한 것이니, 서양 각국이 흔히 이 천지의 공도에 따라 나를 접할 것인가. 나 역시 감수하고 이에 응할 것이니, 결코 이를 사양할 것은 아니다. 만약 그것이 역시 그러하다면, 우선 우리가 옛 번(藩)을 폐했던 것처럼 전 '세계에 존재하는 정부를 폐'해야 할 것이다. 학자들, 여기에 가능성이나 전망이 있는가. 만약에 그럴 가능성이나 전망이

없다면, 전세계에 나라를 세우고 정부가 존재하는 한은 그 국민의 개인적인 감정을 제거하겠다는 방도는 있을 수 없다.(후쿠자와 유키치, 2012: 390~391)

여기서 후쿠자와는 정치적 이념을 무정부 세계로 설정하고,[7] 그것을 상업과 전쟁이 지배하는 지금의 '현실'(후쿠자와 유키치, 2012: 366)과 극단적으로 대치시킴으로써 만국공법의 실현 불가능성을 주장한다. 이러한 설정에서는 정치적 이념과 국제 정치의 현실이 긴장성을 가질 수 없다. 따라서 국가 간의 외교는 천지의 공도에 입각해야 한다는 주장은 폐기된다.[8] 본위론을 통해 이념과 현실 간의 긴장성을 소멸시켜 결국 현실에 귀착시키는 후쿠자와의 논법은 다음 인용문에서 극명하게 드러난다.

사람들은 혹은 말할 것이다, 인류의 약속은 단지 자국의 독립만으로써 목표로 삼아서는 안된다. 오히려 특별히 '영원과 고상의 극'에 착안해야 할 것이라고. 이 말은 참으로 그러하다. 인간의 지덕이 극도에 이르러서는, 그 기하는바, 물론 고원하여, 일국 독립 등의 사사로운 것에 구애받아서는 안된다. 고작 타국의 경멸을 면하는 것을 보고, 즉각 이를 문명이라고 명명할 수 없음은 말할 것도 없다고는 하지만, 지

---

[7] "이 세상에 아직도 지문(至文), 지명(至明)한 나라가 존재하지 않는다면, 지선(至善), 지미(至美)한 정치도 역시 아직은 존재할 수가 없다. 혹은 문명이 극도에 도달하면 어떤 정부도 완전히 무용지물에 속할 것이다."(후쿠자와 유키치, 2012: 92)
[8] 이는 all or nothing식의 이분법이다. 그러나 만국 공법은 부분적으로 의미를 가질 수 있는데, 실제 서구문명은 그렇다. 이것을 후쿠자와도 《개략》에서 언급하기도 한다.

금의 세계적 현상에서 나라와 나라와의 교제에는 아직이고
원한 것을 이야기 할 수가 없고, 만약 이를 이야기하는 자
가 있다면 이를 우원(迂遠)·공원(空遠)하다 하지 않을 수 없
다. 특히 목하 일본의 정황을 관찰하자면, 더더욱 사태가 급
박함을 느끼고 또한 다른 것을 돌아볼 여유가 없다. 우선 일
본이라는 나라와 일본의 인민을 존재하게 하고 그러한 후에
여기에 문명에 관한 것까지 이야기해야 한다. 나라가 없고
사람이 없으면 이를 우리 일본의 문명이라고 할 수 없다. 이
것이 이른바 내가 논의의 영역을 좁게 해서, 단순히 자국의
독립으로써 문명의 목표로 삼는다는 논의를 주창하는 이유
이다.(후쿠자와 유키치, 2012: 396)

이렇게 자국의 독립을 진정한 문명으로부터 분리해 일단 그 존립 근거를 확보하였지만, 그렇다고 현실과 이념의 긴장성 상실이라는 문제를 그대로 내버려 둘 수는 없었다. 단절된 양자를 연결하기 위해 후쿠자와는 두 번째의 장치인 단계론을 도입한다.

여기에는 나의 위치를 현재의 일본으로 한정하여, 그 논의
도 역시 자연히 그 구역을 좁혀, 단지 자국의 독립을 얻게
하는 것을 보고, 잠정적으로 문명의 명칭을 부여한 것일 따
름. 고로 지금의 우리 문명이라고 한 것은 문명의 본래의 취
지는 아니고, 우선 사태의 첫걸음으로서 조국의 독립을 도
모하고, 그 밖에는 이를 두 번째의 걸음으로 남겨두어, 훗날

할 바 있을 것으로 한다는 취지이다.(후쿠자와 유키치, 2012: 400)

현실과 이념의 관계를 본위론의 극단론으로 분리하여 자국 독립의 존립 근거를 확보한 후, 다시 현실과 이념의 관계를 단계론으로 연결하는 작업을 통해 후쿠자와는 문명론과 독립론 사이에 존재하는 논리적 마찰을 해소하고, 나아가 일국독립을 강조함으로써 깨어진 일신독립과의 균형을 복원하려고 하였다. 다시 말하면 먼저 국가의 독립을 달성하고, 그것을 기반으로 국민의 자주적 주체성을 확립하여, 진정한 문명을 향해 진보해 간다는 전망을 획득할 수 있었다.

그러나 후쿠자와 사후 일본 역사의 전개는 이러한 후쿠자와의 전망을 전복시켜 버리고 말았다(丸山眞男, 2001: 160). 일본 독립의 긴급성은 해결되었는지 모르지만, 주체적 국민의 형성을 동반한 국내 개혁은 저해되어 천황제가 강화되었고, 국가의 독립을 넘어 비대해진 국권은 군국주의적 대외팽창으로 전개되어 전쟁을 거듭하면서 결국 파탄에 이르게 되었다. 그리고 머리말에서 언급하였듯이 후쿠자와의 '국가관과 국제 정치관은 근대 일본의 국권확장에 대한 길을 사상적으로 열어주었다는 비난을 받'(마루야마 마사오, 2007: 701)게 되었고, 이는 후쿠자와에게 '마마 자국'으로 남게 되었다. 이제 마루야마가 어떻게 '연인의 진실'을 복원하려고 했는지를 살펴보자.

6
정치적 리얼리즘

마루야마는 훗날의 역사 전개로 후쿠자와를 비판해서는 안된다고 보고, 오히려 후쿠자와의 본래의 의도를 복원하여 거기에서 후쿠자와 사상의 의미를 찾고자 하였다. 그것을 위해 마루야마가 사용한 장치가 앞에서 언급했던 '내면적 근거'(丸山眞男, 2001: 151)였다. 외면적 계기로 작용하는 현실의 긴박함에 압도되어 계몽적 자연법에서 국가 이성의 입장으로 변화한 것이 아니라, 그 변화는 어디까지나 후쿠자와 자신의 주체적·내면적 근거에서 비롯한다는 것이다. 마루야마가 제시한 근거는 두 가지인데, 하나는 현실과 이념 사이의 긴장관계이고, 다른 하나는 비합리성에 잠재된 생명력이다.

후자는 이미 앞에서 서술하였는데, 여기서는 후쿠자와가 왜 그런 근거를 상정할 필요가 있었는가에 다시 한 번 주목한다. 후쿠자와가 분리된 현실과 이념을 다시 연결하기 위해 도입한 단계론에는 치명적인 결함이 있다. 일견 현실과 이념 사이에, 즉 독립이라는 첫걸음과 문명의 본래 취지라는 둘째 걸음 사이에 연계가 확보된 듯이 보이지만 실상은 그렇지 않다. 그것은 속임수일 뿐이다.

국제정치의 현실은 동물의 왕국이며, 독립을 확보하기 위해서는 오로지 '짐승의 마음'으로 짐승처럼 행동해야 한다. 그런데 과연 언제, 어떤 계기로 짐승의 상태에서 지적·도덕적으로 고양된 인간의 마음으로 전환되어 인간의 왕국을 거쳐 신적 왕국(진정한 문명)으로 향할 수 있단 말인가. 문명의 진보는 권력의 편중을 해소하는 방향으로 나아가지만, 독립은 권력의 편중에 편승하여 편중을 확대하는 방향으로 나아간다. 문명과 독립은 서로 반대 방향으로 나아갈 뿐 그 사이에는 연결 고리가 존재하지 않는다. 이처럼 후쿠자와의 단계론에는 내적 필연성이 확보되어있지 못했다. 이 문제를 마루야마는 '비합리적인 것에 잠재된 생명력이 합리적 결과를 산출한다'는 논점 — 동물의 왕국에서 인간의 왕국으로 신묘하게 전이한다는 — 을 가지고 와서 해결하려고 하였다. 그러나 1952년의 〈해제〉의 시점에서 도입된 이 논점은 1986년의 《읽는다》에서는 등장하지 않는다. 〈해제〉에서의 다른 논점들은 《읽는다》에서 거의 유지되고 있는데, 이 논점만은 사라졌다.[9] 아마도 자신이 극복하고자 하였던 고층의 논리를 가지고 후쿠자와의 진정성을 옹호하려는 논리로 삼기 어려워져서 그런 것은 아닐까? 마루야마의 비합리성에 관한 역설은 자신의 고층론으로 인해 퇴장하였다고 볼 수 있지 않을까. 이에 비해 내면적 근거의 다른 하나인 현실과 이념 사이의 긴장관계는 《읽는다》에서 한층 강화되어 나타난다.

원래 후쿠자와는 국가 독립의 존립 근거를 확보하기 위해 현실과 이념의 관계를 분리했다가 다시 연결하여 관계성을 복원하려고 했으나 성공적이지 못하였다. 그러나 마루야마는 후쿠자와에게서 나타나는 현실과 이념의 관계를 다른 각도에서 접근한다.

문명의 본지로 보자면 자국의 독립 같은 것은 '세세한 일'에

---

[9] 이러한 논점은 다음과 같은 개별적인 예시의 형태로는 남아있지만, 〈해제〉에서와 같은 명제 형태의 서술은 없다. "예컨대 내란이나 전쟁과 같은 것일까. 또한 심지어는 독재와 폭정과 같은것도, 세상의 문명을 진보하게 하는 데 도움이 되어서 그 공로가 현저히 세상에 드러나는 시기가 되면, 반쯤은 지난 날의 추악함을 잊고서 이 것을 책하는 사람이 없다."(후쿠자와 유키치, 2012: 73)

지나지 않다고까지 말하고 있습니다. '세세한 일'이라고 보는 거시적인 눈과, 그러나 그런 세세한 일이야말로 지금으로써는 긴급하고 절실한 과제라는 위기의 상황 판단이 이어져 있습니다. 놀랍도록 성숙한 정치적 인식입니다. 그런식으로 상반되는 명제를 동시에 진행하면서 논의해가는 것입니다.(마루야마 마사오, 2007: 118)

문명의 본지라는 이념과 자국의 독립이라는 현실을 동시에 인식하고 연계하여 논의를 진행해 간다는 것은 단순히 양자가 연계되어 있다는 것을 지적할 뿐, 양자 사이에 존재하는 다이내미즘— 필자가 앞에서 분석한 양자의 분리와 연결 —을 마루야마는 보지 못하고 있다. 그러나 마루야마의 독특한 시각은 그 다음에 있다.

> 그것(국가 실존 이유의 사상)은 국가권력과 내셔널리즘의 '편파성'의 의식 — 다시 말해, 다른 극으로서의 '사해형제'라는 보편적인 이념성의 인식 — 에 의해 끊임없이 견제되는 한에서, 바닥을 알 수 없는 진흙 연못과 같은 자기 기만이나 위선과는 달리, 끊임없이 양자의 모순 감각을 자기 정신의 내면에 불러일으키지 않을 수 없었던 것이지요.(마루야마, 2007: 704)

후쿠자와의 국가이성 사상은 사해형제라는 보편적인 이념성(합리성, 善性)과 국가권력과 내셔널리즘의 편파성이라는 현실성(비합리성, 惡性)

에 의해 동시에 견제되기에, "그에게 있어 비합리적인 것은 굳이 미화되거나 합리화되는 일은 없었다. 그는 비합리적인 것을 어디까지나 비합리적인 것으로 간주했"(丸山眞男, 2001: 150)다. 이것이 대동아공영론을 주장하는 자들이 보여주었던 '바닥을 알 수 없는 진흙 연못과 같은 자기기만이나 위선과는 달리' 후쿠자와의 탁월함 — '놀랍도록 성숙한 정치적 인식', '깨어있는 정신의 소유자' — 이라는 것이다. 그러나 이러한 준엄한 이원적 대립의식을 기초로 한 국가의 '실존'의 강조는 높이 수평으로 매달려있는 예리한 칼 위를 걷는 것과도 같은 위험성을 수반하게 되고, 실제로 후쿠자와가 메이지 10년대에 국권론으로 중점을 이행시켰다는 점은 도저히 부정할 수 없다. 하지만 당면한 사상적 문제에 대해 말한다면, 국가 실존 이유가 아무리 위험한 모험을 내포하고 있다 하더라도, 적어도 거기에는 자기기만이나 위선이 개입될 여지는 없었다는 것이다(마루야마 마사오, 2007: 701).

현실과 이념의 관계에 대한 마루야마의 시각은 양자의 관계를 정치적 리얼리즘과 연계시켜 설명함으로써 — 〈해제〉에서 보이지 않고 《읽는다》에서 나타남 — 그 독특함을 더욱 발휘하게 된다.

> 그리고 제2단락과 제3단락(후쿠자와 유키치, 2012: 364)에서는 국제사회에 대한 후쿠자와의 리얼리즘이 분명하게 드러나 있습니다. 리얼리즘이라는 것은 한편으로 인류보편의 이념으로서의 일시동인·사해형제와, 다른 한편으로 국가가 무역과 전쟁을 통해 이익을 다투거나 또는 서로 살육하고 있다는 세계의 현실, 이들 양자의 이원적인 긴장의 의식입니

다. 이들 두 계기를 같이 파악하지 않으면 — 다시 말해 한 쪽의 '이념'을 경시 또는 무시하고 다른쪽의 '현실'을 오로지 주장하는 것만으로는 — 긴장의 의식에 근거한 리얼리즘은 나오지 않습니다.(마루야마 마사오, 2007: 699)

마루야마는 후쿠자와의 국제 정치론이 '현실주의'(〈現実主義の陥穽〉, 《丸山真男集》 5)가 아닌 '정치적 리얼리즘'(〈政治的判断〉, 《丸山真男集》 7)의 소산이라고 주장한다. 바로 이것이 마루야마가 찾아낸 후쿠자와라는 '연인의 진실'이었다. 그러나 이것이 과연 진실일까?

마루야마는 '현실주의'와 '정치적 리얼리즘'을 구분한다. 이상론을 개진하는 사람에게 '현실적이지 않다'고 비난할 때의 '현실'은 대략 세 가지 특징을 가지고 있다고 마루야마는 설명한다. 첫째는 현실의 소여성(所與性)이다. 소여성이란 기정사실이라는 말로 등치할 수 있다. 따라서 '어쩔 수 없다'는 체념으로 전환되어 기정사실에 굴복하게 된다. 둘째는 일차원성이다. 현실에 포함된 다면성 중에서 한 면만을 유일한 '현실'로 선택하고 다른 나머지 측면을 비현실적이라고 배제해 버리는 것이다. 셋째는 권력성이다. 그때그때의 지배권력이 선택하는 방향이 현실적인 것이되고 그 외의 다른 동향들은 무시되어 버린다(丸山真男, 1995: 200). 이러한 '현실'주의에는 '권력자가 만들어 가려고 하는 방향, 그러나 아직 반드시 지배적이지 않은 동향에 대해서 큰 폭으로 진지(陣地)를 내어주고마는 결과만을 초래하'는 함정이 도사리고 있다(丸山真男, 1995: 203).

이에 비해 정치적 리얼리즘은 "현실이라는 것을 고정된, 완성된 것으로 보지 않고, '다양한 가능성의 묶음'으로 보고, '그 중에 있는 여러 가능성 중에서 어느 가능성을 키워 나갈 것인지, 혹은 어느 가능성을 개선해갈 것인지', 그러한 것을 '정치의 이상이나 목표와 관련지어가는 사고방식'"이라고 마루야마는 말한다. 따라서 정치적 리얼리즘은 현실 진행의 방향성에 대한 인식을 동반하는 정치적 선택을 빼고는 생각할 수 없다. 여러 가능성의 묶음 중에서 어느 가능성이 장래에 점점 커질지, 아니면 다른 가능성이 장래에 점점 없어질지 모른다. 따라서 현실 인식은 방향성의 인식이라는 것과 불가분의 관계에 있다. 다양한 가능성의 방향성을 인식하고 선택하며, 어느 방향을 이후 키워가는 것이 옳은가 고민하고, 어느 방향은 더 바람직하지 않으니 그것이 커지지 않도록 점검하는 것, 바로 이러한 것이 정치적 선택이라는 것이다(丸山眞男, 1996: 319).

마루야마는 '현실'주의에 직면하여, "우리는 관념론이라는 비난에 위축되지 말고, 무엇보다도 이러한 특수한 '현실'관에 정면으로도 전해야 하지 않겠습니까. 그리고 기성사실에 더 이상의 굴복을 거절해야 하지 않겠습니까. 그러한 거절이 비록 하나하나는 아무리 미미할지라도, 거절하는 만큼 우리가 선택하는 현실을 좀 더 추진하고 좀 더 유력하게 하는 것입니다. 이것을 믿지 않는 사람은 인간의 역사를 믿지 않는 사람입니다."(丸山眞男, 1995: 200)라고 절규하였다.

이러한 마루야마의 구분에 입각하여 판단한다면, 후쿠자와는 '현실'주의와 정치적 리얼리즘 중에 어느 쪽에 속할까? 물론 앞에서 언급하였듯이 후자라는 것이 마루야마의 주장이다. 후쿠자와는 이념과 현실 사이의 준엄한 긴장관계를 인식하고 있었고, 따라서 그의 국가이성의 사상은 자기기만이나 위선과는 거리가 멀었다는 것이다. 그러나 마루야마의 설명은 거기까지다. 후쿠자와가 현실을 어떻게 보고, 정치의 이상과 목표와 관련하여 현실의 방향성을 어떻게 인식하고, 어떤 선택을 했나하는 부분이 빠져있다. 끝으로 빠진 부분을 메워가며 후쿠자와의 실상을 재구성해 보자.

7
맺음말

후쿠자와는 당시의 제국주의를 '현실' 즉 어쩔 수 없는 기성사실로 받아들이고, 동아연대를 통한 제국주의 대항, 또는 만국공법에 입각한국가 간의 관계 설정 등의 현실의 다른 측면을 비현실적이라고 배제해버렸다. 그는 당시의 강대국이 선택한 방향을 유일한 현실로 인정하고 다른 동향들은 무시해버렸던 것이다. 게다가 그는 이념을 극단적으로 설정하여 현실과의 관련성을 소멸시켜버렸다. 그리하여 그가 선택한 일본의 독립이란 '이념'을 벗어던진 '현실', 즉 제국주의라는 주어진 질서에 편입하여 제국주의의 일원으로서 행동하는 것이었다. 이러한 그의 사상이 전개되는 과정에서 이념과 현실의 긴장 관계에 대한 인식은 유지되고 있었을지는 모르지만, 그 긴장성은 국제 정치에서의 권력의 편중이라는 현실을 개선하는 방향으로 작용하지 못하고, 오히려 편중을 심화시키는 방향으로 나아갔다. 후쿠자와의 선택은 단순히 현실을 추종한 것일 뿐만이 아니며, 오히려 현실에 적극적으로 호응하고, 때로는 현실을 앞질러 유도하기조차 했다. 그런 의미에서 보자면 그는 압도적인 현실의 위력에 굴복하여 권력의 편중에 혹닉(惑溺)된 울트라 '현실'주의자라고 할 수 있겠다.

마루야마는 지식인 특유의 약점을 다음과 같이 언급하고 있다.

> 지식인의 경우는 어설프게 이론을 가지고 있는 만큼 종종 자기의 의도에 부합하지 않는 '현실'의 진행에 대해서도, 어느 사이엔가 이것을 합리화하고 정당화하는 논리를 꾸며 내어 양심을 만족시켜 버립니다. 기성사실에의 굴복이 굴복으로서 의식되고 있는 동안은 아직 괜찮습니다. 그런 한에서는 자신의 견해와 기성사실 사이의 긴장관계는 존속하고 있습니다. 그런데 본래 기가 약한 지식인은 마침내 이 긴장을 견디지 못하고, 자기 쪽에서 접근하여 그 차이를 메워버리려고 합니다. 거기에 수중에 있는 사상이나 학문이 동원되는 것입니다. 게다가 인간의 끝없는 자기기만의 힘으로, 이 실질적인 굴복은 어느덧 결코 굴복으로서 받아들여지지 않고, 자기 본래 입장의 '발전'이라고 생각하게 됨으로써 자연스럽게 어제의 자기와 접속하게 되는 것입니다.(丸山眞男, 1995: 202)

평화를 포기하고 자유를 유보한 후쿠자와의 사유와 행동은 이 인용문에 묘사된 지식인의 모습과 부합하지 않는가? 마루야마의 후쿠자와를 향한 혹닉은 어떻게 설명할 수 있을까?

참고문헌

가루베 다다시 저·박홍규 역. 2011. 《마루야마 마사오 리버럴리스트의 초상》. 서울: 논형.
마루야마 마사오 저·김석근 역. 2007. 《"문명론의개략"을 읽는다》. 서울: 문학동네.
마루야마 마사오 저·김석근 역. 1998. 《충성과 반역》. 서울: 나남출판.
후쿠자와 유키치 저·임종원 역. 2012. 《문명론의 개략》. 서울: 제이엔씨.
丸山眞男. 1995. 〈'現実'主義の陥穽〉. 《丸山眞男集》 5. 東京: 岩波書店.
丸山眞男. 1996. 〈政治的判断〉. 《丸山眞男集》 7. 東京: 岩波書店.
丸山眞男. 2001. 〈《福沢諭吉選集》第四巻解題〉. 《福沢諭吉の哲学他六篇》. 東京: 岩波書店.
本居宣長, 1968. 〈古事記傳〉. 《本居宣長全集》 9. 東京: 筑摩書房.

[중앙일보 이홍구 칼럼]
다시 읽는 마루야마 마사오

이홍구 전 총리 · 중앙일보 고문

 오랜만에 마루야마 마사오(丸山眞男) 교수의 《일본정치사상사 연구》와 《현대정치의 사상과 행동》을 다시 꺼내 보았다. 1996년 세상을 떠난 마루야마 교수는 20세기 일본의 가장 뛰어난 정치학자로 국경을 넘어 많은 정치학도에게 심대한 영향을 끼쳤다고 할 수 있다. 19세기에 외래문화 수용과 전통문화 보존을 동시에 이룩하며 근대화의 성공 사례라고 할 수 있던 일본이 초국가주의와 군국주의의 길로 들어서 패전국의 신세로 전락할 수밖에 없었던 경위와 원인에 대한 결정적 해답을 바로 마루야마 교수의 저서에서 찾을 수 있었다. 지금 우리가 당면하고 있는 복잡한 내외정세의 성격을 제대로 파악하는 데도 역시 그의 역사를 꿰뚫어보는 통찰력이 큰 도움이 될 수 있을 것 같다.
 당장 한반도를 둘러싼 대결 구도는 위험 수위에 다다르고 있다. 사태가 여기에 이른 경위를 제대로 이해하고 한반도 통일과 동아시아 평화에 대한 해결책을 모색하기 위해선 동북아 삼국, 즉 한국·중국·일본이 걸어온 지난 150년 역사에 대한 공동의 인식을 조성하는 것이 선결조건이라 하겠다. 근래의 삼국관계에서 협조보다는 갈등의 수위가 높아지고 있는 것은 바로 삼국 간 역사인식의 괴리에서 비롯된 것이기에 우리 지역의 공동 번영을 위해선 이 문제에 대해 각기 심각한 성찰의 노력을 기울여야 할 때다. 서구에서 비롯된 제국주의와 이데올로기 시대가 아시아로 밀려오는 과정에서 한·중·일 삼국이 겪은 결코 순탄치 않았던 경험은 이제 정치적 시비보다는 상호 이해를 위한 객관적 역사인식의 대상이 돼야 한다. 19세기부터 1945년 패전에 이르는 일본 역사의 성격을 냉철하게 해부한 마루야마 교수의 업적은 그러한 작업의 모범이 될 수 있을 것이다.

유교문화권의 중심인 동북아에서, 특히 주자학적 전통이 작용했던 도쿠가와 일본이 메이지 시대로의 전환 과정에서 개인이나 가족의 도덕윤리와 국가 통치의 규범 사이의 관계를 어떻게 설정했느냐에 대한 마루야마 교수의 연구는 근대일본의 국가 성격을 이해하는 지름길을 열어주었다. 개항을 압박하는 서구세력의 위협에 직면하여 국가의 독립과 국민의 통합을 이루고 부국강병정책을 추진하기 위해 봉건사회의 다원적 분열을 하나로 묶는 천황제를 택함으로써 국가체제의 정신적 권위와 정치권력을 일원화하는 데 메이지 일본은 일단 성공하였다. 그 결과 민권이 국권에 매몰되는 신민정치 문화가 제도화돼 일본식 내셔널리즘은 전체주의적 제국주의와 군국주의의 길로 들어서게 되었다는 것이다.

국민주권을 포기한 일본 내셔널리즘은 모든 일본인의 천황에 대한 충성을 제국신민의 당연한 의무로 내면화하도록 교육하는 한편, 밖으로는 성공적 일본제국의 팽창을 통해 국민의 궁핍과 불만을 심리적으로 보상하는 동력이 되었다. 천황이 상징하는 정의를 아시아와 세계로 전파하기 위한 전쟁은 반드시 이겨야 하며, 정의는 항상 승리한다는 윤리와 권력의 상호 보완 논리가 일본 내셔널리즘의 군국주의적 침략을 뒷받침하였다. 아시아 민족의 해방을 목표로 한다는 이른바 '대 아시아주의'도 단지 그러한 일본 패권주의의 슬로건이었다.

제2차 세계대전에서 패망함으로써 일본은 메이지 유신 이전의 섬나라로 수축되었고 제국적인 심벌에 집중됐던 국가의식도 중심을 잃고 급격히 퇴조하였다. 무력적 우월성으로 지탱되었던 황국(皇國) 관념이 미국의 점령 아래에서는 정신적 진공 상태에 빠지게 되었다고 진단한 마루야마 교수는 '평화문화국가'란 새 국가상(像)이 과연 국민의식을 견인할 수 있을지 매우 회의적이었다. 또한 일본 내셔널리즘이 어떤 형태로든 부활하는 경우가 있더라도 식민제국주의시대와는 확연히 다른 기초 위에 서야 하며 여타 아시아 내셔널리즘의 흐름에 등을 지는 일은 반드시 피해가야 한다는 것을 이미 60년 전에 설파했었다.

어느 나라든 외국의 비판이나 충고에 따라 역사의식이나 국가 진로가 바뀌는 경우는 없다. 오직 국민 스스로의 고민, 토론, 성찰을 통해서만이 미래로 나아갈 길을 찾게 되는 것이다. 유난히 길고 사연이 많은 역사를 지닌 한·중·일 삼국의 경우는 특히 더 그럴 수밖에 없다. 한국은 물론 이웃 중국과 일본에서도 심각한 자성의 노력이 있을 것을 바라 마지 않는다. 모두가 대단한 역사와 전통을 지닌 문화대국들이 아닌

가. 60년 전 패전 후의 혼란과 침체 속에서 전개된 마루야마 마사오 교수의 냉정한, 그러나 진보적인 역사인식과 정치분석이 오늘날 얼마나 유효한지는 단정할 수 없다. 그러나 일본에서만이라도 그의 지성이 넘쳐흐르는 저서들이 많이 읽히기를 바라게 된다.

- http://article.joinsmsn.com/news/article/article.asp?total_id=11499373&cloc=olink|article|default. 2013년 5월 13일 자, 중앙일보

〈마루야마 마사오와 자유주의: 냉전 시대를 산 지식인의 사상과 행동〉 학술대회 참관기

유불란

대학 새내기 시절, 도서관 서가 사이를 헤매던 중 유독 눈에 띄던 한 권의 책과 맞닥뜨리게 되었습니다. 선연한 붉은 빛깔 표지 때문이었을까요. 아니, 그 이상으로 당장 펴보지 않을 수 없게 만든 것은 큼직하게 박힌 한 마디, 곧 '일본을 뒤흔든 책'이라는 강렬한 문구 때문이었습니다.

한 페이지 한 페이지 책장을 넘기며 놀라움은 더해만 갔습니다. 장장 40여 페이지에 달하는 해제의 이례적인 분량도 분량이었지만, 오히려 그마저도 부족한 듯 배움을 희구하는 조선의 젊은이들을 거듭 불러 찾던 도올 김용옥 선생(이하 경칭 생략)의 그 절절한 호소. 다른 이도 아니고 도올로 하여금 이토록 찬탄을 금치 못하게 만든, 또 이처럼 우리의 학문풍토와 사상연구에 대해 반성토록 이끌었다는 이 《일본정치사상사연구(日本政治思想史研究)》는, 또 그 저자 마루야마 마사오는 대체 어떤 존재일까. 이번 아산정책연구원 주최로 열린 '마루야마 마사오와 자유주의' 회의장에 앉아 한국과 일본의 여러 학자가 펼치는 열띤 발표와 토론을 참관하면서, 문득 당시의 '충격'이 생생하게 되살아남을 느낄 수 있었습니다.

행동하는 지식인으로서 냉전 시대를 치열하게 살아간 마루야마의, 특히 '자유주의자'로서의 측면에 초점이 맞춰진 본 회의 중, '자유주의, 민주주의 그리고 국제정치'를 주제로 한 첫날 오전 세션의 막을 연 것은 노병호 박사였습니다. 〈사상 없는 사상'과 마루야마 마사오의 [사상]〉 중 1969년을 전후해 마루야마를 격렬하게 비판하고 나섰던 당시 각 세력의 주장을 비판적으로 재검토해본 그는, 이를 통해 마루야마의 구상 및 그 현실성에 대해 숙고해 보고자 했습니다.

그에 따르면 마루야마를 포함해 '전후'를 문제시했던 이들은 크게 두 부류로 나누어 볼 수 있다고 합니다. 그 하나는 정신적 혼란과 상대성으로부터의 탈출을 위해 질서와 전통의 절대성을 재확립하려던 입장에 섰던 이들. 그러나 전후가 무시해 왔다고 여긴 역사 및 전통을 소생시켜, 나아가 절대화시켜 스스로의 아이덴티티의 공백을 메우는 방식이란 결국 그 방향이 과거를 향해 있는 바, 우익 또는 보수와 밀접하게 연관될 터였습니다.

또 하나의 경우로는 '혼란' 및 '폭력'의 일상화를 자연스레 받아들여, 끊임없는 '영구혁명'을 통해 '진정한 핵'을 추구하려던 입장에 섰던 이들을 꼽아볼 수 있습니다. 그러나 이런 지속적 상대화 속에서 '방향감각'을 잃다 보면 결국 '허무감'에 빠져들 수밖에 없다고 노병호는 지적합니다. 이를 무엇으로 채울 것인가? 결국 '이제까지 친숙했던 그 무엇'이

되지 않겠는가.

　발표자는 마루야마가 '근대' 혹은 전후에 적대적이었던 전공투, 포스트모던, 그리고 현대 일본의 내셔널리즘 등의 각 세력이 가졌던 사상적인 문제를 이미 당시의 시점에서 직감한 바, 일본에서 '유행하는' 사상 속에서 보이는 '일본적인' 행동양식의 특수함과 그 역사적 지속성을 통찰했다고 보고 있습니다. 이로부터 그는 다음과 같이 결론짓습니다. 저들, 소위 참신한 사상군은 안티테제로서 '마루야마'를 의식했을지 몰라도, 도리어 마루야마는 이들 사상에서 '전전적인' 문제점을 재발견했다고. 이에 현재 일본 내의 사상적 상황을 고려한다면 2013년 판 마루야마가 여전히 필요한 게 아닐까? 발표를 끝맺으며 노병호가 언급한 대로, 마루야마의 통찰이 지니는 이와 같은 현대적 의의는 그의 문제 제기에 대해, 그의 고찰에 대해 다시 한 번 진지하게 숙고해 볼 필요가 있음을 새삼 깨닫게 해 주었습니다.

　이어서 박홍규 교수의 〈마루야마 마사오와 후쿠자와 유키치-국제 정치관을 중심으로-〉는 여러 발표 중에서도 특히 비판적인 논조가 두드러졌다는 점에서 이채를 띠었습니다. 그는 다음과 같은 문제 제기로 포문을 엽니다. '후쿠자와의 국가관과 국제 정치관은 근대 일본의 국권 확장에 사상적으로 길을 열어주었다는 비난'에 더해, '실제의 시사론으로 후쿠자와의 주장을 더듬어 가면, 후쿠자와가 메이지 10년대에 국권론에 중점을 이행시켰다는 점은 도저히 부정할 수 없'는 상황에서, 그를 선행자이자 탈출구, 나아가 미래의 방향성으로까지 여기던 마루야마의 저 유명한 '후쿠자와 보레(후쿠자와에 매혹됨)'를 어떻게 이해할 수 있을까? 발표자는 후쿠자와가 자국의 정치적 실존을 최우선시하는 국가이성의 논리 쪽으로 기울어감에 따라 그의 국내사회관과 국제사회관 사이에 균열이 발생하게 되었고, 결국 소위 고전적 균형이 무너지기에 이르렀다고 지적합니다. 마루야마는 이와 관련해, 후쿠자와가 국제사회에서의 압도적인 비합리적 현실 앞에서 비록 합리성의 가치적 우월성은 여전히 인정하되, 비합리적인 것이 어떤 조건에서는 도리어 객관적으로 합리적인 결과를 산출하는 역사적 사실에 주목하게 된 것이라 주장합니다. 그러나 박홍규가 보기에 마루야마의 이러한 해석은 후쿠자와가 그저 국가이성에만 근거한 적나라한 현실주의에 빠져든 게 아니라, 한 쪽에 여전히 규범론을 유지하고 있었다는 식의 강변에 불과하다는 것입니다.

문제는 이러한 전회 중 후쿠자와가 논리적으로 갖가지 무리수를 두고 있음이 명백히 드러남에도 불구하고, 마루야마가 이를 비판하기보다는 오히려 변명하려 했다는 데 있습니다. 마루야마에 의하면 정치적 사실주의란 현실을 어떤 고정된 것으로 보는 게 아니라 다양한 가능성의 묶음으로 보고, 그중 어떤 가능성을 정치적 이상이나 목표와 관련지어 키워나갈까 선택해 나간다는 점에서 단순한 현실주의와 구별됩니다. 이에 박홍규는 묻습니다. 그럼 후쿠자와는 현실주의와 정치적 사실주의 중 어느 쪽으로 분류할 수 있는가? 비록 마루야마는 후자 쪽이라 주장하지만, 이 경우―발표자가 보기에는 핵심적인 부분이라 할 수 있는―후쿠자와가 현실을 어떻게 보고 또 방향성은 어찌 인식했으며, 나아가 무엇을 선택했나에 대한 설명이 누락되어 있다고 지적합니다. 오히려 후쿠자와의 경우란 현실을 단순히 추종한 정도가 아니라 그 현실을 앞질러 유도했다는 점에서 차라리 울트라 '현실'주의가 아닌가. 이와 관련해 발표를 끝맺으며 박홍규가 인용한 '기가 약한 지식인'의 현실과의 야합, 나아가 되려 이를 스스로 정당화시켜 버리기까지 하는 지식인 특유의 약점에 대한 마루야마의 지적은 많은 시사점을 주는 것이었습니다.

다음으로 김석근 박사는 〈마루야마 마사오에서의 '개인'과 '시민'〉을 통해, 당대의 현실에 대해 발언하고 행동했으며, 또 책임지고자 했던 마루야마의 지식인으로서의 측면에 주목해 보고자 했습니다. 잘 알려진 대로 마루야마는 개인의 주체성 확립에 대해 전후 일관되게 강조해 왔습니다. 자, 그런데 이런 개인은 대체 어떻게 만들어지는가? 마루야마는 분석 끝에 '자립화된 개인'과 '민주화된 개인'의 두 유형에 주목합니다. 양자는 개인을 공통분모로 하면서도 실천적으로 '민중'을 끌어들이고 '대중운동'을 전개할 것인가의 여부에서 입장이 갈립니다. 그리하여 개인의 자유를 중시하는 자립화, 즉 '자유주의'와 평등의 이상을 강조하는 '민주주의'가 구별됩니다. 동시에 이 양자는 연속적인 것으로서, 마루야마는 민주주의를 자유주의의 확대로 여겼다고 지적합니다.

대체 마루야마의 '시민' 및 '시민사회'관은 어떤 것이었을까요? 김석근 박사는 마루야마가 양자의 '개념적 혼란 또는 부정확함, 그리고 일본의 역사적 경험과 개념 사이의 괴리 현상'을 이미 알고 있었다고 보고 있습니다. 그에 있어 이들에 대한 관심은 '분석적인' 차원이라기보다는 차라리 '규범적인 차원'에서였던 바, 이에 "그는 자신이 생각하는 '시민적 의식'을 가진 존재로서의 '시민'과 그들로 이루어지는 '시민사회' 이미지를 관념적으로는 지니"되, 구체적인 정의까지는 나아가지 못했다고 정리합니다.

그가 짊어졌던 시대적 과제, 즉 '자유'로운 '개인'이면서 동시에 '책임'

을 갖춘 '시민'이라는 의식과 관념을 불어넣는다는 것은 물론 지극히 어려운 일이었습니다. 내외에 산적한 저해 요인들, 그리고 '대중' 내지 과격한 '군중'의 급속한 대두. 이에 발표자는 그의 '영구혁명으로서의 민주주의'에서 과연 이 민주주의라는 것이 무엇인지, 그 실체와 내역에 대해 음미해 볼 필요가 있다고 합니다. 그리하여 그는 일차적으로 물론 자유주의자였지만 이에 머문 것이 아니라 자유주의를 토대로 하면서 '개인'과 '사회'의 유기적인 관계 속에서 '민주화'를 '지향'한 마루야마상을 제시합니다. 나아가 여기에서 상정되는 개인이면서 동시에 시민인 그런 정치적 주체는, 초국가주의와 포퓰리즘의 양 극단을 동시에 경계해가며 개인의 자유와 시민의 책임을 동시에 추구해 가는 그런 적극적 의미를 지니는 존재로 위치 지었습니다.

오후 세션에서는 '일본의 전통, 민주주의 그리고 레지티머시(legitimacy)'라는 주제를 내걸고 일본 측 참석자들 쪽이 발표에 나섰습니다. 우선 첫 발표를 맡은 가루베 다다시 박사는 마루야마의 '전통'관에 대한 새로운 접근을 시도합니다. 일견 그가 내건 〈마루야마 마사오와 일본의 전통사상: 1930년대와 그 이후〉라는 제목은, 일본의 사상전통을 부정하고 보편적인 '근대'의 이상을 줄곧 추구한 사상가라고 하는 식의 일반적인 마루야마 이해에 서서 보자면 기묘할 수도 있습니다. 그러나 가루베는 '일본의 좋은 사상전통을 과거의 역사로부터 추출해 내는 작업'에 대한 마루야마의 언급에 주목합니다. 그가 보기에 '가능성에 있어' 전통을 포착해서 '창조력의 원천'이 될 만한 사상요소를 전근대 일본사상에서 추출해 내는 작업, 이 '소수'파였던 사상에서 적극적인 의미를 찾아내는 것, 또한 '지배적'인 전통의 원류로 여겨지는 사상 속에서 오히려 전통을 비판하는 요소를 찾아내는 것, 이런 전통의 재해석 방법은 마루야마가 연구자로서의 출발점에서부터 구사했다고 발표자는 지적합니다.

일례로 가루베는, 막말의 유자 사쿠마 쇼잔의 경우에서 엿보이는 '정치적 사실주의', 즉 하나의 현상 속에 존재하는 '모순된 방향으로의 발전 가능성'을 동시에 보고 있었음에 주목한 마루야마의 논의를 인용합니다. 정치적 지도자가, 그러한 '인식안'을 갖는 것이야말로 현실을 냉철하게 보면서 이상을 향해 조금씩 접근해 가는 성숙한 '정치적 선택'을 가능케 해 준다는 마루야마의 주장. 더불어서 발표자는 그가 제시한 과거 사상을 어찌 이해할 것인가, 그 방법론에 대해 논한 부분에도 주의를 기울일 필요가 있음을 강조합니다. '가능한 당시의 상황에 우리 자신을 놓아 보는' 상상상의 조작을 통해, 아직 갖가지 가능성을 품고 있던 당시의 상황에 우리 자신을 놓아 보는, 요컨대 '과거를 추체험'해 보는 것. 이러한 사고의 태도는 앞서 정치적 사실주의와 밀접한 관계를 갖는 바, 텍스트를 통해 추체험을 경험해 봄으로써 현재의 독자 또한 이 사실주의를 구사해 볼 기회를 얻게 되는 셈이라 결론지었습니다.

이어서 시미즈 야스히사 박사는 마루야마에 있어 '자유주의의 딜레마'에 비해 명확한 언급을 찾아볼 수 없는 '민주주의의 딜레마' 문제를 지적하면서, 그의 〈마루야마 마사오와 민주주의의 딜레마〉 발표의 서두를 열었습니다. 민주주의와 그 밖의 사상 간의 딜레마, 민주주의의 제도와 운동과의 대립 등 관련될 만한 항목들을 하나하나 검토해 가면서, 그는 특히 인민의 주권 방기, 즉 인민기권이야말로 민주주의의 딜레마가 아닐까 지적합니다. 물론 저작 중 중우나 직접민주주의를 거의 논하지 않았듯, 마루야마가 이 문제를 정면에서 다루려 하지 않았을지도 모른다고 합니다. 그렇지만 서민과 노동자, 그리고 시민이나 학생이 어떻게 정치참여를 해야 할 것인가, 자치의 책임을 지지 않을 경우 책망해도 좋을까 등의 형태로 역시 이 문제에 대해 줄곧 숙고했다고 볼 수 있는바, 해당 발표에서 주로 이 궤적을 추적해 볼 것을 제안합니다.

시미즈에 따르면 마루야마는 전시와 냉전 시대를 살았던 지식인으로서, 자유주의를 근본사상으로 담지 했던 덕분에 파시즘을 허용치 않고 민주주의를 강화하려 했습니다. 그러나 전후, 민주주의의 정통성이 처음으로 세계를 석권하면서 더이상 민주주의와 전제주의와의 비교검토가 이루어지지 않게 된 상황은 오히려 마루야마에게 문제가 되었다고 합니다. 이에 발표자는 전후 마루야마의 생애를 네 시기로 나누어 상세하게 검토해 나갑니다. 이를 통해 그는 냉전기의 자유주의자였던 마루야마는 인민주권의 이념을 받아들인 46년부터, 혹은 자유주의자였던 탓에 민주주의의 방어가 아닌 민주주의의 발전 신장을 추구했던 50년대부터, 딜레마를 안고 있으면서도 민주주의의 길을 걸었다고 지적하면서 발표를 마무리 지었습니다.

마지막 발표자로 나선 코노 유리 박사의 '마루야마 정치학' 그 자체에 대한 문제 제기는 회의 첫 날 이루어진 상기 다양한 각도에서의 마루야마 검토를 정리해보기 위한 좋은 계기가 되었습니다. 〈왜 레지티머시(legitimacy)가 중요한가?: 1980년대의 마루야마 마사오〉라는 제목하에 '정통성'을 중심으로 한 해석을 시도하며 발표자는 묻습니다. 대체 이 마루야마 정치학이란 정확히 무엇을 의미하는가? 그에 따르면 실은 연구자들 사이에서도 통일된 의견이 부재하는 상황이라 합니다. 그렇다면 가령 현대 일본에서의 정치학의 조류를 '개혁/정권교대의 정치학'과 '차이를 전제로 차이를 어떻게 배려할까'의 두 계열로 분류해 본다면, 과연 마루야마의 경우는 어느 쪽에 위치시킬 수 있을 것인가.

각 진영의 주장들을 꼼꼼히 따져나가며 코노는, 가치중립적 기술로서의, 목적달성의 수단으로서의 '정치'관을 가졌던 마루야마가 자유주의자였음에도 불구하고 정치적 사유나 통합의 중요성을 강조한 게 아니라, 바로 자유주의자였기 때문에 그처럼 강조했다고 지적합니다. 요컨대 정치 그 자체에서 어떤 윤리적인 계기를 끌어내는 게 아니라, 정치 바깥에 펼쳐지는 가치의 세계야말로 중요하다고 생각했기 때문에 이러한 목적달성의 수단으로서의 정치가 중요하다고 여겼다는 것입니다.

다만, 그렇다고 해서 마루야마 정치학에는 정치에 고유한 가치를 인정하는 입장이 전혀 없는 것일까? 발표자가 보기에 이러한 고유한 가치 인정 문제에 대해 마루야마가 직접적으로 긍정한 적은 없지만, 그러나 그가 정통성의 문제로서 논의한 중에는 기술적인 수단 가치적 정치 차원으로 환원시킬 수 없는 바가 포함되어 있음을 지적합니다. 이에 코노는 마루야마가 만년에 이르기까지 줄곧 관심을 보였으며, 또 이를 고려해 가며 그의 정치학을 구상했던 데서 '정통성'의 시각에서 검토해 볼 것을 제안했습니다.

'난상공의(爛商公議)'라는 표현이 있습니다. 어쩌면 날이 갈수록 남발되고 있는 소위 난상토론 쪽이 더 친숙한 표현일지 모르겠습니다만, 어느 쪽이나 그 본뜻은 '어떤 사안을 두고 무르익을 만큼 헤아려 충분히 잘 의논함'을 뜻합니다. 회의 둘째 날, 고바야시 마사야 박사가 엮고 김석근 박사가 번역한《마루야마 마사오: 주체적 작위, 파시즘, 그리고 시민사회》의 출판기념회에 이어 '마루야마 마사오와 자유주의 그리고 동아시아'라는 주제하에 참석자 전원을 아우르는 자유 토론이 이루어졌습니다만, 한 마디로 상기 표현이 제자리를 찾았던 자리가 아니었나 싶습니다. 다방면으로 종횡무진 펼쳐지는 토론. 그리고 종종 마루야마의 해당 발언이 등장한 바로 그 때의 기억과 상황에 대한 경험담까지 언급되는 가운데, 이들 원로 참석자들의 열기와 어우러진 예기에 찬 젊은 신진 학자들의 날카로운 논평과 문제 제기. 무려 세 세대에 걸친, 바다를 건너 이어진 학맥 내의 선후배들이 펼친 이와 같은 난상공의는 확실히 근래 보기 드문 장관이었습니다.

    이틀에 걸친 회의를 참관하면서 문득 언젠가 한 일본인 동료가 마루야마 정치학을 주제로 한 학술회의에서 이런 질문을 던졌던 기억이 떠올랐습니다. "일본정치사상사를 전공하지 않은 나에게는 궁금한 것이 하나 있다. 왜 마루야마 마사오를 논할 때면 늘 참석자들에게서 이토록 예외적인 열기를 감지하게 되는 건가?" 한 발표자가 지적했듯 마루야마가 제기한 문제들은, 예를 들어 이번 회의에서 논의의 주된 축을 이룬 자유주의와 민주주의, 혹은 시민-시민사회의 문제란 여전히 오늘날 우리 자신의 고민거리이기도 합니다. 그리고 물론 여기에서 한국의 경우 또한 예외가 아니겠지요. 이 점에서 우리에 앞서 이에 대해 치열하게 고민했던 그는, 또 그의 사상을 다룬 이번 학술회의는 한국과 일본, 우리들 모두에게 있어 '2013년 판 마루야마'를 숙고해 보기 위한 참으로 귀중한 '연습장'이 될 터입니다. 그렇다면 바로 이 마루야마와 그의 문제의식이 지니는 현재성이야말로 이번 난상공의를 어김없이, 오히려 더욱 뜨겁게 달아오르게 한 주된 이유가 아니었을까요?

필자 약력(집필 순)

가루베 다다시(苅部直)

현 일본 도쿄대학교 법학·정치학 연구과 교수.
일본 도쿄대학교 법학 박사.
주요 연구분야: 일본정치사상사.
주요 논저: 《秩序の夢: 政治思想論集》(2013), 《安部公房の都市》(2012), 《政治学 (ヒューマニティーズ)》(2012), 《마루야마 마사오 리버럴리스트의 초상》(2008; 박홍규 역, 2010), 《移りゆく「教養」》(2007), 《光の領国 和辻哲郎》(1995) 등.

김석근

현 아산정책연구원 인문연구센터 센터장, 아산서원 부원장.
연세대학교 정치외교학 학사, 한국학중앙연구원 한국학대학원 석·박사. 고려대학교 아세아문제연구소 한국정치사상연구실장, 연세대학교 정치외교학과 연구교수 역임.
주요 연구분야: 한국정치사상 및 동아시아 문제.
주요 논저: 《마루야마 마사오: 주체적 작위, 파시즘, 시민사회》(2013, 번역서), 《문명론의 개략을 읽는다》(2007, 번역서), 《한국 정치사상사》(2005, 공저) 등.

시미즈 야스히사(清水靖久)

현 일본 규슈대학교 사회문화대학원 일본정치사상사 교수.
일본 도쿄대학교 법학 학사, 동 대학원 법학정치학연구과 석사, 일본 규슈대학교 교양학부 사회사상사 강사 역임.
주요 논저: 〈戦後民主主義の原点としての人民主権〉(2013), 〈丸山眞男、戦後民主主義以前〉(2011), 《野生の信徒: 木下尚江》(2002) 등.

코노 유리(河野有理)

현 일본 수도대학도쿄 부교수.
일본 도쿄대학교 법학 석·박사.
주요 연구분야: 일본정치사상, 메이지시대 중기 정치적 소설의 역할과 야노 류케이(矢野龍渓).
주요 논저: 《田口卯吉の夢》(2013), 《明六雑誌の政治思想: 阪谷素と「道理」の挑戦》(2011) 등.

노병호

현 한국외국어대학교 일본연구소 초빙연구위원.
일본 교토대학교 일본정치사상 박사, 경희대학교, 한림대학교, 인하대학교 강사 역임.
주요 연구분야: 일본정치사상사.
주요 논저: 〈전후 일본의 내셔널리즘과 미국〉(2014), 〈도죠 히데키의 전후: 소설과 영화 속의 도죠 상〉(2013), 《민의와 의론》(2012), 《ナショナリズムの時代精神》(2011), 〈전전 일본의 군부정치와 유악상주〉(2011) 등.

박홍규

현 고려대학교 정치외교학과 교수.
고려대학교 정치외교학과 학사, 일본 도쿄대학교 석·박사.
주요 연구분야: 조선시대 초기 정치인 및 정치이론가(예: 정도전, 태종, 세종 등).
주요 논저: 〈주희(朱熹)의 이단론과 세종(世宗)의 중용론: 흥천사 사리각 논쟁을 중심으로〉(2012), 《마루야마 마사오: 리버럴리스트의 초상》(2011, 번역서), 《정치가 정도전》(2007), 《주자학과 일본근세사회》(2007, 번역서), 〈정치가 태종: 권력에서 권위로〉(2006), 《山崎闇齋の政治理念》(2002) 등.

이홍구

현 서울국제포럼 이사장.
미국 에모리대학교 철학과 학사, 미국 예일대학교 대학원 정치학 석·박사, 서울대학교 정치학과 교수, 신한국당 대표위원, 제15대 국회의원, 주 영국대사관 대사, 주 미국대사관 대사, 통일원 장관 겸 부총리, 제28대 대한민국 국무총리 역임.

유불란

현 경희대학교 공공거버넌스센터 연구교수.
서울대학교 정치학과 학사, 일본 동경대학 법학정치학연구과 석·박사.
주요 연구분야: 일본·아시아 정치사상사.
주요 논저: 〈"우연한 독립"의 부정에서 문명화의 모순된 긍정으로〉(2013), 〈明治期「人心」統合に於ける「新機軸」の構築: 徳の「植え込み」を中心に〉(2009) 등.

마루야마 마사오와 자유주의:
냉전 시대를 산 지식인의 사상과 행동

초판 1쇄 발행 2014년 7월 24일

엮은이 김석근 · 가루베 다다시

펴낸곳 아산서원
주소 서울시 종로구 경희궁1가길 11
등록 2013년 12월 16일 제 300-2013-154호
전화 02-730-5842
팩스 02-730-5876
이메일 info@asaninst.org
홈페이지 www.asaninst.org
편집 디자인 All Design Group

ISBN 979-11-952043-1-1 03300
값 15,000원

※ '아산서원'은 아산정책연구원에 소속되어 있는 인문 · 교양 분야 전문 출판사입니다.
※ 이 책은 아산서원이 저작권자와의 계약에 따라 발행한 것이므로
  본원의 허락 없이는 어떠한 형태나 수단으로도 이 책의 내용을 이용할 수 없습니다.